暖物·志

耿沫/著

北京燕山出版社

图书在版编目（CIP）数据

暖物·志 / 耿沫著. -- 北京 : 北京燕山出版社,
2017.11
ISBN 978-7-5402-4815-4

Ⅰ. ①暖… Ⅱ. ①耿… Ⅲ. ①社会生活–通俗读物
Ⅳ. ①C913.3-49

中国版本图书馆CIP数据核字(2017)第294706号

书　　名:暖物·志
作　　者:耿沫
责任编辑:刘朝霞 杨梓漪
封面设计:刘睿
出版发行:北京燕山出版社有限公司
社　　址:北京市西城区陶然亭路53号
邮　　编:100054
电话传真:86-10-65240430（总编室）
印　　刷:佛山市华禹彩印有限公司
开　　本:889mm × 1194mm 1/32
字　　数:187千字
印　　张:7.5
版　　别:2017年12月第1版
印　　次:2017年12月第1次印刷
书　　号:ISBN 978-7-5402-4815-4
定　　价:45.00元

序

暖物·志：二十九件暖物，一种生活态度

生活究竟是什么，这大概是每个人一直都在思索的问题之一。

每个人，从呱呱坠地的那一刻起，都得开始自己的生活。

我们所谓的生活，似乎就是人与周遭的日常。这周遭可以是一起生活的家人，可以是手边常伴的小物，也可以是赖以生存的衣食住行。而在这周遭的人或物来来往往、变更迭代中，这一生就慢慢充实了起来，人生也变得有厚度起来。

对于身边常伴的好物，我总是会有很多想法，起初是视觉的美感、触觉的质感，其后是对物的认识与感悟。每次遇到对眼的物品，总会欢喜得不行，脑海里只剩一个念头——我要带它回家。在这栖栖惶惶的人生里遇到了怦然心动的它们，和它们一起走过漫长岁月，收获了无数个小确幸，这一切都将会成为我记忆里温暖的篇章。

正如这本书里所写的那般，每一件物都有自己的初心，带给人温暖、幸福、惊喜与满足。淹没在历史之中的苗绣香囊，一针一线织就虔诚安心妥帖的香气；深山木材制作而成的纸巾盒，将日升月落记录成一圈圈年轮；背山面水的潮汕之地独有的风味小食，新奇的滋味年复一年……谈吃、言居、识趣、说用、道着，这些物品涵盖了日常生活的方方面面，贯穿于我们生活的角角落落之中，它们见证了我们岁月里的喜怒哀乐，它们承载了我们记忆里的悲欢离合。

因此，我想把那些人和物品相处的故事写出来告诉每一个热爱生活的人，生活啊，并没有那么多愁苦，每一个手边之物都能是幸福所在。希望翻开这本书的你，也能去发现这些手边常伴之物里蕴藏着的幸福感。

目录

食之味

居之物

着之道

用之良

趣之意

食之味

PART1

生而为人是幸福的，因为可以吃到各式各样的美食，但又是不幸福的，因为终其一生也吃不完所有的美食。

四季食材轮转，唯有佳味始终不变

——等一味，手工山楂球

食是一件大事。一味食材从种子到嫩芽，从胚胎到幼体，在时光的流转中汲取自然的养分，按照自己天然的本性恣意而旺盛地成长。四季变迁，我们心怀敬畏地默默等待。等待着作物一点点成熟，等待一个恰当的时间，等待一个适宜的温度，等待一个合理的方式，将它们一一采撷，细心制作。很多食物需要等待，温度的变化、时间的流转等都需要等待，耐得住寂寞地等待，少安毋躁地敬畏才能品尝到人间真正的美味。等一味，等的就是这一个味道，等的更是你这一位。

——致读者的一封信

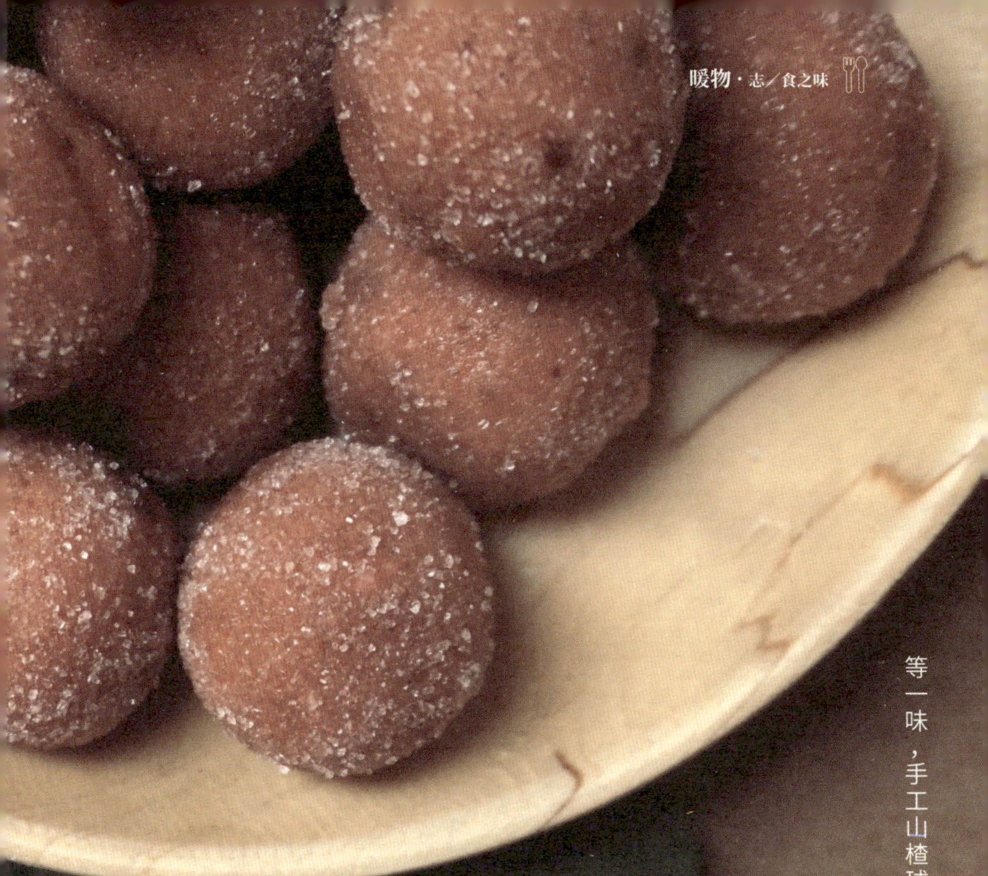

等一味，手工山楂球

在中国，吃是一件郑重的事，父母在饭桌上忆苦思甜的说教，逢人见面的一句“饭吃了没”。年幼时，母亲在屋后自己撒下种子，每一季都有吃不完的时令蔬菜，还有村口一棵高大的杏树，诱惑着一群小孩儿眼巴巴地盼杏儿熟，变着法儿地摘杏吃。那时候邻居阿婆善做果酱、果脯，明明是同一棵树上结下的果子，在她的手里就变得滋味独特。阿婆总会打开罐子把制作好的果脯分给我们这些半大的孩子，却从不舍得多给。“这东西难得，一年才这么一点儿”，于是每一年，我们都耐心地等，等着阿婆那些独特的小食。从某一年开始，小食断了，阿婆搬走了，房子里空荡荡的，听说她儿子把她接回老家去了。阿婆的老家在哪里？没有人知道。对我而言，从此多了一个吃零食的习惯。

同样是食材，一同在田间地头成长，有的走进了三餐，变成了各色的菜肴供人饱腹，还有的被人精心调理，制成各色的小食，供人茶余饭后消遣。食材，是怀着什么样的心情在等待呢？是希望自己变身佳肴，还是渴望变成零食？食材如果有心，那么必然也是充满期许，努力去汲取自然的精华成就自己，期盼自己像一个英雄般拯救饥饿的肠胃，解除贪馋的诅咒，满足贪吃的味蕾。等一味，有人在等着这一个味道，有食材在等着这样一个人，是相互的期许与等待，才碰撞出舌尖上的游乐园。

邂逅等一味，是一个随缘的事，我喜爱小食，他们专心做小食，尤其是那种勾人回忆的味道，让我从记忆的缝隙里找到了阿婆的味道。阿婆的家乡大概就是潮汕吧，所以我才被那浓浓的潮汕之味所吸引。那里有带着青草味道的清新空气，间或夹杂着大海的咸味与鱼虾的鲜活气息；那里有带着露水的新鲜食材，用独特而淳朴的坚持，展现天然的食材味道，塑造天生的佳味。

对食材的敬畏，是一种态度

山楂这东西，是每一个人童年绕不开的回忆。山楂好种，北回归线以南、以北均可种，健脾开胃，消食化滞，加工起来也简单，南北各地最不缺的就是山楂食品。冰糖葫芦便是很多人都吃过的山楂小食，还有山楂糕、山楂片、山楂干、山楂皮等等，不胜枚举。万千的山楂小食里，我却对等一味的山楂球情有独钟，自然是因其有和别处不一样的地方。

山楂球，用的都是山楂，但不是整颗山楂。寻常的山楂球用的是整颗山楂，或去籽或留籽，洗净后包裹霜糖，等一味的手工山楂球用的是山楂酱。将挑选好的新鲜山楂洗净，打成山楂酱，捏成一颗颗可爱的山楂球，然后包裹一层细白砂糖，山楂独特的酸甜在白砂糖的映衬下更加爽口，山楂酱的软糯激人食欲。近来，等一味的师傅又新换了配方，将山楂和糖做了调整，用葡萄糖和麦芽糖代替了部分白砂糖，山楂也比之前多了用量，酸和甜变得明显了不少，搭配软糯的口感恰到好处，糖分变少了，也不担心变胖了，健康了许多。

比起店里的小食，更吸引人的是小食的态度，等一味的态度是什么？大概就是真诚吧。明明已经将山楂球做得足够好，却依旧一点点将

它变得更好，吃是一种态度，制作更是一种态度，对食材的敬畏，对顾客的敬重，与其说是卖小食，不如说是分享潮汕的食文化。潮汕人会在水果中加一些南姜梅粉，这是只有本地人才知道的调味料。但是南姜梅粉

「用敬畏的心，等一个好味道。」

实在是很独特的东西，于是等一味就在店里上了这款产品，不厌其烦地与客户分享它的吃法。南姜梅粉加上酸味的水果，味道新奇特别。后来，越来越多的人喜欢上南姜梅粉，熟悉了潮汕地区的这一独特调味剂，并发明出各种带有“黑暗料理”色彩的创新吃法。食物中蕴含的新奇力量远远超乎想象，没有什么吃法是一成不变的。

新生，亦是心声

等一味的老板名叫格子，是饶平人。饶平是广东潮州的一个县城，自古就有“岭南佳胜地，瀛洲古蓬莱”的美称，邻福建、临南海，有高山、深谷、盆地、平原、海岸、沙滩……还有格子喜爱的潮汕风味。等一味出

世之前，格子是一个北漂，和鸽子同学一起。

2008年，两个满心好奇的年轻人各自带着行李箱，一路颠簸来到北京，北京是个好地方，有梦想有未来。纵使有诸多艰辛坎坷，两个人都相互扶持一路走来，从广州到北京，从北京到上海，从上海到北京，最后又从北京回到广州，回到了潮州老家。格子是一个勇敢果断的人，一路走来，跟随着鸽子同学不断地搬迁，11次，由南至北，由北至南，像是两只不断迁徙的候鸟。没有什么牺牲或者痛苦，有的只是相伴的心意，走走停停体会不同的城市，不同的美食，不同的文化气息。候鸟最终选择回归，因为两个人的世界有了新的生命。

2013年，格子怀孕了。多年的奔波迁徙，留下了一身疲惫，首都的雾霾让人心生恐惧，为了新生，格子离开了北京，回到了潮州。潮州食材丰富，食物的制作也都遵循安和之道，讲究天然本味，追求原料的时令，回归自然的养生。呼吸着清新自然的空气，吃着丰富而健康的食物，格子长年的胃病也在不知不觉间根除。独乐乐不如众乐乐，格子开始将自己吃过的美食分享给更多的人知道。

开一家小店卖些潮汕小食，文艺的格子似乎并不适合做这样商业化的事，但是人生本就是不断地尝试，失败了就失败了吧，钱可以再挣，路可以再换，人生可以一次又一次地重新开始。起初是半饱良品，后来是等一味，汇集了潮汕的风味小食。格子说："很多食材需要等待，温度、时间等很多方面都需要等待，有的东西急不来，需要抱着敬畏的心去看待，所以取名等一味。"新的店铺"等一味"，新生的小Baby，新生的格子与鸽子同学，潮汕是最初的起点，也是候鸟新的起点。在等一味的时间里，真诚地分享小食的格子被越来越多的人肯定，越来越多的人聚集在这里，一起发现食物的新吃法，一起体验人生的酸甜苦辣。

等一味，手工山楂球

四季食材轮转，唯有佳味始终不变

每一味食材都值得去等待，等待它在四季变迁中成长成熟，人生亦是如此。多年前阿婆说的那一句“难得”，佳味难得，而人生也如同食材一般，我们在四季流转中不断成熟，等待着自己的未来悄然而至。我们不清楚自己会变成什么样的人，从事什么样的工作，是创业还是打工，是全职妈妈还是事业强人，但我们都渴望成为一个不被时光辜负的人。

于是我们开始等，等食材完美地呈现，再努力地用尽心思与手段，将食材打磨成绝美的佳味，从食材到食物，中间是各式各样的步骤与方法，充满了各式各样的新奇探索与意外结局。我们敬畏自然，敬畏食物，才会更加珍爱自己，这一味值得等，这一段人生值得我们去体验。做好现在的事情，跟随自己的内心，有一天，时间会给你最好的回应。

喜爱小食的人，一定都是可爱的人，他们的一颗心一个胃随时都需要被温暖丰满地填充，嘴巴可以撒谎，但是胃永远是诚实的。吃到潮汕风味的果脯果酱时，明明味道与当年阿婆手制的并不完全相同，却依然勾起人心中最深切的思念。似乎在某一个背山面海的小镇上，阿婆坐在杏树下，将成熟的杏子一颗一颗分拣，拣出最好的一小筐一点点耐心地制作成果脯。她的面容未曾改变，行动迟缓但却有力，一如当年。她眉眼里露着笑意，也不见沧桑。我口中含下一颗凝着霜糖的山楂球，光阴荏苒岁月如梭，我早已经不再是半大的孩童，当口中酸甜的味道渐渐弥漫，自己仿佛回到从前，阿婆仍在，杏花枝满，我也好静静地留在此处，完善自己明媚的一生。

「打开淘宝app扫一扫」

保鲜人生，就像保鲜一支雪糕

——中街1946，黑白半巧雪糕

那些年，天最热的时候，总有慈眉善目的老大爷冒着酷暑，骑着小车走街串巷，一路殷勤地吆喝。或许你也曾缠着母亲，软磨硬泡，才能买上一支梦寐以求的雪糕。小心撕开包装纸，慢慢品，细细尝，盼着这份香甜与清凉能够天长地久。

中街1946，希望做一支有故事的雪糕，穿越漫长的岁月，仍历久弥新，且更增芳香。时光推着花车，花车前的你，手持一支黑白半巧，不再是那个幼稚的少年。花车后，亦不再是记忆里的老大爷。年轻的他们，正冲你微笑，亲切地道一声你好。你瞧瞧身后的队伍，再瞧瞧面前鳞次栉比，精美诱人，细致陈列犹如艺术品般的雪糕，只觉得有关中街1946的一切，都那么新奇，美好。

——致读者的一封信

中国是冰棍和冰激凌的故乡。远在三千多年以前的人就知晓以冰解暑的窍门，吃的、用的，花样百出。小时候读老舍的《四世同堂》，印象最深的是《北平的夏天》里提及的端阳节的鲜藕和冰碗。尤其是冰碗，颤巍巍的一大碗，冰上覆着嫩荷叶，叶上托着杏仁、核桃，还有鲜菱角。每每读到此，口中生津，馋涎欲滴。

小孩子总是馋的。绿树浓荫夏日长，大人们都歇息在凉棚下，午睡，乘凉。小孩们却摇着小猪存钱罐，听它胖乎乎的肚子里叮叮当当作响。摸着了几个钢镚儿，便火急火燎地往街角的小店跑。一群机灵小鬼头眼巴巴地盯着小店门口硕大的冰柜，那里可藏着无数的美味。开店的阿姨掀开铺在冰柜上的厚重棉被，笑眯眯地问，豆沙的还是香蕉的？豆沙冰棒两角钱一支，黏糯，甜软。香蕉冰棒也是两角钱一支，清甜，脆爽。小孩们叽叽喳喳，迟迟做不了决定。

多年过去，街头华丽的商铺鳞次栉比，各种冰棒、雪糕、冰激凌层出不穷，记忆中的老式冰棒却早已销声匿迹。人生如梦易蹉跎，终究明白，没有什么能够天长地久。你也曾有过无忧无虑的童年，也曾尝过无法忘怀的美味。只是在那当下，却没法意识到，时间每过去一分，生命便减少一程。只迟一刻，这冰便化了，这雪便融了。只迟一刻，美梦与热望便成了泡影。所以啊，有些事情，不必等。有些时光，不能错过。晨昏午夜的微小时刻，不要蹉跎。

遇上中街1946的时候，人虽已不再年轻，心里却还住着个贪吃的孩童。排在长长的队伍后头等了许久，才将一支沉甸甸的黑白半巧握在了手里。迎着阳光尝了一口，满口浓郁的香滑甜爽甚至激起了一身的鸡皮疙瘩。中街1946说，要做新鲜的美味。新鲜，是他们不变的追求。人生，应当历久弥新，去珍惜每一个微小的感动，连对最琐屑的时光都兴致勃勃，将一刻当成永恒来过。

甜与苦，浓与淡，黑与白

或许，每一个成年人身上都有一段关于冰棒儿和冰激凌的童年回忆。冰棍儿常见，历史也悠久。各式冷饮自唐代起便盛行，到了宋代，商人们以水果或者果汁加入冷食，别有一番风味。元代皇宫里则出现了冰酪，那是世界上最早的冰激凌。相传，这种特殊冰食制作方法被马可·波罗带回了意大利，广泛流传，深受欢迎。现如今，各种口味的鲜冷饮品四处可见，中街1946却值得另眼相待。因为，中街1946，是一支有故事的雪糕。

牛奶、巧克力是制雪糕的最常见原料。原味牛乳，加上精品黑巧，构成了黑白半巧的浓郁滋味。想将满汉全席做得精彩，很不容易。想将蛋炒饭做得精彩，更是难上加难。不是人人都享受过满汉全席，但人人都吃过蛋炒饭。最基本的味道反而成了最严峻的挑战，舌头会忠诚地记下它的感受。好滋味一定回味无穷，甚至会激起一身的鸡皮疙瘩，让身体和灵魂一同沐浴在久远的往事里，微微地战栗。中街1946想要做的，正

「中街1946黑白半巧，地道的苦和计算好的甜，一半一半刚刚好。」

是触发灵魂的好味道。

黑白半巧口感踏实，虽简单纯粹，却又伴有许多层次，经得起回味，经得起时间的检验。奶香浓郁，正宗，配上黑巧的醇厚，细腻，达成了极致的体验。只记得舌根处香甜回甘，蓦地又泛起微微的苦涩。原来，黑与白组成的世界不一定单薄，它也可以如此厚重、精彩。有经验的吃货总会与中街1946形成一种独特的默契。尝到了黑白半巧，为这味道感动的同时，会不屈不挠地去追究这美味的来源。于是舌头又化身为侦探，埋伏在这香醇滋味里，抽丝剥茧地寻觅着线索。最后会发现，牛乳和黑巧都有“问题”。

牛乳很“真”，原料厚实，毫无添加。黑巧很“诚”，比利时的黑巧细腻丝滑，触感温柔，马来西亚的可可偏涩偏酸，香味独特。因着这份真与诚，黑白半巧出奇地好吃。遇到这样的食客，中街1946会很感激。在他们的想象中，喜欢中街1946的人一定是天生的吃货，懂得享受当下的美好，对人生的热爱或含蓄或直白。黑白半巧，像极了恰到好处的人生，减之一分则淡，多之一分则甜。黑与白的分割，浓与淡的配比，甜与苦的中和，不偏不倚，回味无穷的人生。这鲜与冷，是中街1946带来的新鲜体验。

鲜有其匹，历久弥新

中街1946的创始人叫林盛，扎根于广告业多年。机缘巧合下，他接触了冰激凌行业，分析之下发现这个市场还存在一片洼地。中国虽是雪糕的故乡，年轻人们却离传统冰激凌越来越远。古人曾咏叹“公子调冰水，佳人雪藕丝”的良辰美景，到了如今，传统冷饮却被挤进了生活的角落，沦为平价俗物，可有可无。那时候，林盛想，若能做一支足够分量的雪糕，撑起整个传统冰饮，鲜有其匹，历久弥新，也不失为一件有意义的事。

随着年岁渐长，林盛对入口的食物越来越用心。年轻的时候大大咧咧，从不去想健康的问题。这几年，若是尝到了食物中额外的东西，香精或各种添加剂，舌头苦闷不说，喉咙也不舒服，胃更是遭殃。他想到要改变传统冰激凌的现状，首先就要改变的就是行业内各种防腐剂、添加剂的滥用。他渐渐想通了一个道理，想要做一支“专业级”雪糕，就一定要不断地做减法。

这便是中街1946的由来。林盛坦言，中街1946的诞生，并没有那么多戏剧性。他的出发点，便是“简单”。把一支简单的雪糕做好，留住质朴的古早味，让所有花里胡哨、华而不实的理念洗净铅华，返璞归真。

一开始，他一个人做这件事。后来，是一群人做这件事。他们将信念拧成一股绳，每个人心里都存着一片冰心。

「2016年年会上，这一群只为做一支纯粹雪糕的人喊出了他们口号——2017一起疯长。」

中街1946，要做精品和鲜品，就一定要秉持减法维度，天然本色是最好的选择，色素和添加剂注定要被抛弃。为了保证每一支雪糕都凝萃了足够的真诚与专心，中街1946一直在简化产品的SKU数量[①]。雪糕就是雪糕，不应掺杂任何功利之心。雪糕品质之外的事情，尤其是那些虚有其表的形式，都叫林盛反感。他心无旁骛，只想将一份简单的事业做到极致。

中街1946一直在做减法，时间维度就须得严格遵行。每一支雪糕，从“新鲜出炉”到最终化为吃货们口中的美味，都规定好了时间。长则九十天，短则三十天，越长，就越损伤其品质，越短，越能保证其滋味。说到底，林盛最重视的，还是“新鲜”二字。

对“新”与“鲜”的极致追求，让中街1946始终焕发着勃勃的生机。雪糕虽是应季品，林盛却想让人们的喜爱蔓延至四季。不知耗费了多少人力，牺牲了多少支雪糕，才寻到了完善的冷链物流。中街1946的雪糕做得少而精，却预备好了春夏秋冬每一季的惊喜。递归和迭代，便成了见怪不怪的事情。为了留住人们的新鲜感，让中式雪糕的魅力发挥得淋漓尽致，林盛尝试着去和晓风书屋合作，和活字印刷术传承人合作，他们都是内心质朴、认真做事的人，几乎每一次的接洽都是一拍即合。

「中街1946与晓风书屋合作，在杭州嘉里中心开了全国第一家“雪糕书店”。」

对于中街1946而言，以后的路还很漫长，它有无限的可能。林盛最大的收获，是多了一大群吃货朋友。他喜欢与他们谈吃，谈健康，谈生活里的小确幸，谈中式冷饮的未来。那些拿着中街雪糕的人，他们脸上的笑意和满足，林盛都一一收在眼里；那些说中街雪糕是自己挚爱的可爱评价，林盛都一一记在心里。他说了很多话，或理性，或感性，或搞笑，或深情。

[①]SKU数量：SKU是Stock Keeping Unit的简写，SKU数量是指库存量单位。

临了，他最想对粉丝们说的却是那简单的两个字——谢谢，而这并不矫情。

林盛心目中的中街1946，是一朵气韵幽香的花，是一个清醇恬淡的女子，不媚不俗，携着千年的风骨，驻扎在嘈杂的生活里，以清甜芳香点缀着来来往往的人生。

保鲜人生，就像保鲜一支雪糕

年幼的时候盼着天长地久。在人群里打滚了许久，渐渐明白，那些生命里最初的感动与美好，它横亘在记忆里，哪怕永垂不朽，于现实而言，都是些风干的沙子，一捏就散。没有什么能天长地久。

人生的沙漏早已摆好，悲喜已命定，聚散终有时。夕阳在倒数，晨曦也在倒数，你过得好与不好，都只能顺着时间的长河，变得麻木不仁，变得波澜不惊。雪糕是最经不起耽搁的东西。中街1946之所以能够历久弥新，是因为每一支雪糕在被时光烫融之前，一定是化成了最美妙的滋味，顺着喉咙入了心。

人生啊，就像雪糕，想要永久的保鲜，唯一可行的办法是去肆意享受当下，将一刻当成永恒来过。仔细梳理那些过往的时光，你一定有过遗憾，有过茫然，有过懵懂不知的时刻。却不知道，难得的圆满永远藏在当下的心情中。对过去不必介怀，对未来不必恐惧。想要什么，就去追，一刻也不必等。去保鲜人生，就像保鲜一支雪糕。

中街1946，黑白半巧雪糕

「打开淘宝app扫一扫」

浅浅燕盏，一碗滋养岁月，一碗浓稠人生

——驰记工坊，懒人即食燕窝

我非常喜欢旅行，因为它能让我去寻求精神上的愉悦感受，去未知的地方，去认识新的人和事，让身心得到放松。虽然长途旅行会觉得有点小累，但是每次踏上旅程前，我都必备几包懒人即食燕窝和一个焖烧杯，随时为自己焖泡一杯热腾腾的燕窝补充营养、提提精神。燕窝已成为我生活中的一部分。健康的内在只有我们自己知道，全世界最需要讨好的就是自己，所以希望大家追求健康、热爱生活，慢慢改变自己的生活方式。

享受美食、用心生活，比什么都要幸福。

——致读者的一封信

加班至深夜，从电脑荧幕前抬起头来，窗外那方天空恰似一泓深邃的秋水，月色皎洁清润，一轮白玉盘蓦地落入眼帘。周围清静异常，城市退了陆离与喧嚣，陷入了这温柔的夜色。据说今年的英仙座流星雨将于这个凌晨达到顶峰，光是想一想那璀璨、盛大的场景，似乎便不负此夜，不负此景。

伸伸懒腰，起身取出焖烧杯，再拿出懒人燕窝、一小撮香气绵长的干桂花，还有冰糖和枸杞。倒入沸水尽数覆了这些食材，然后回到工作中去。差不多半个钟的时间，便焖煮出一捧悠柔清香，一小碗润脾精华。端坐于窗前，一口一口抿下清甜的月色，疲惫静悄悄地消解，纷杂思绪也渐趋明朗。

有人说，人生之短暂譬如流星划过夜空，生命之卑微犹如尘埃飘摇于苍穹。再多的艰难险阻都是沧海一粟，所有的苦辣酸咸不过是小小点缀，古往今来的悲欢离合都抵不过这似水流年。在关乎生命、关乎岁月的宏大命题之前，个人的一切渺小卑微到了尘土里。虽是如此，你若细细看，那尘土里却又开遍了繁花，有的清新娇妍，有的浓烈壮美。

等待流星的夜晚温柔而深沉，捧在手里的小碗燕窝晶润又甘甜。流

星始终未来，思绪却飞得遥远。将无来由的闲愁别绪一再沉淀，将满腹的忧思疲倦缓缓溶解。人要拿得起，也要放得下，不以渺小而生悲，不以短暂而生憾。

心若宽广起来，一小碗燕窝粥，一刹那的流星，都足以温热时光，告慰岁月。

以晶润消融这世故，以专注调制一碗羹

文人们爱将女性比喻成花，比喻成水。所谓“花为肠肚，雪作肌肤”，而骨子里则积蕴着一腔温柔似水。在遇上驰记工坊之前，我没有食用燕窝的习惯。唯一记得的是红楼梦里的美人，惯以燕窝清粥滋润心肺，养生健体。后来爱上了驰记燕窝，常不忘在繁忙工作的间隙，娴熟地焖上一小碗，既满足了口腹之欲，也放松了身心，补充了体力。

食用的过程很是享受。那软糯清甜入了喉咙，便化作一股水，点点滴滴，流遍了四肢百骸，浇灌着一方心田。匆匆的时光静了下来，我就一小口一小口地抿，面上安宁平静，脑子里却有着诸多思绪。随着年岁增长，似乎对很多事情都有了新的感悟，思考也多了起来。关于平凡人生，关于你我，关于这门里门外的世界。

那些原本浸润在浮生岁月里的女性，若甘愿裹挟在这滚滚红尘之中，由得这物欲横流、繁花似锦的世界侵袭了思绪，蒙蔽了双眼，便再也抵不过时间的炙烤，人难免会变得贫瘠、干枯起来。殊不知世事纷杂何足惊，人生起落似黄尘，将琐碎的日子打理得错落有致，便算得上有一颗玲珑心。哪怕洞悉世故，也愿保持天真；纵使门外轰轰烈烈，屋里却是风烟俱净。手里捧着书，碗里盛着燕窝，甚美。

以一己之简约，承世事之繁芜，说起来简单，做起来着实不易。世道越浮华喧嚣，便越有许多煎熬之人。细心侍弄生活的人少了，一口口燕

窝尝到了嘴里，那如水般的沁润清甜却没有成功抵达心里。拼着健康不要，用尽全力靠近那浮华的人多了，只是再努力，再拼命，也填不满内心的欲望，抚平不了莫名的焦躁。

如果说我从这一碗碗燕窝里得到了什么，大概是平和的心态，是充实的生活，是丰盛的精力，是对欲望的克制，是对自我的珍视。

「枸杞、冰糖、桂花和燕窝搭配更适宜。」

听得懒人燕窝的名字，我不禁莞尔。而这懒，却也正恰到好处。驰记工坊特意研发采用冻干技术，精心制成这款燕窝。它有着最简单的食用方式，免去了挑毛、泡发的步骤，你可以隔水炖煮一刻钟，也可以如我一般将燕窝、枸杞、桂花、红枣、冰糖，一一加入焖烧杯中，再浇入煮沸的纯净水，只需焖泡半小时，便可得一碗美味，加一段欢愉时光。

我的包中常备一包包懒人燕窝和小巧墩胖的焖烧杯，无论是日常上班还是出差在外，乃至旅游休闲，但凡兴之所至，都可以随时随地犒劳自己。懒人燕窝给我带来了无数慵懒的时光，慢下来的日子里，心渐渐沉静了下来。我还是和以前一样积极，甚至比以前更加活力满满，心却不似从前般狭窄拥挤。我更注重思考的力量，更向往轻盈的生活方式。

没有哪个女孩不希望留住岁月，燕窝这类滋补品就是选择之一。它浸润着人的身体，也滋补着人的心灵。它暂时拉住了岁月，让那光阴停驻，却也带给你我一份难得的从容。那一袅清香中，我慢慢明白了平凡生活的可贵，优雅老去的坦然。纵使物转星移，沧海桑田，骨子里的柔韧却始终不改。

缘起爱美之心，塑起品质之路

驰记工坊最珍惜的，是缘分。那些擦肩而过抑或从未谋面的人们，因着共同的追求，因着冥冥之中的缘分，最终得以产生某种默契的连接。驰记工坊说，是无处不在的亲情、爱情、友情温暖了我们的生活，惊艳了我们的生命。而在越发浮华的当下，越来越多的人慢慢地忽视了感情生活的温度，慢慢将细小的幸福抛到脑后，甚至忘了上一次拥抱家人是什么时候。

而驰记工坊只愿成为你我的情感维护人，让那些已经忽略或者即将被忽略的温情时光重回生命之中，让每一个阴暗潮湿乃至遍生青苔的角落都充满阳光。不辜负每一份相遇，希望每一个人都幸福地生活。

它希望我们在周末，能为一直陪伴在身边的人亲手炖上一碗美味的燕窝，短短一刻钟，便能收获一屋子的馨香，爱便从中流连滋长。

燕窝沁脾润肺，俗称“养人”，亦能滋养人生。中国人食用燕窝是老祖宗传下来的养生习惯。在寻常人眼里，燕窝是可与鲍鱼、鱼翅相媲美的美味佳肴，也是一味名贵的药材。

《本草纲目》上记载：“燕窝甘淡平，大养肺阴，化痰止咳，补而能清，为调理虚劳之圣药。”燕窝名贵、难得，国人的喜爱与追捧却使得造假者趋之若鹜，刷胶、漂白、挂浆之类的造假行为层出不穷，一颗颗贪婪的逐利之心伤害了整个市场。但凡是一个热爱生活的人，都不希望看到这样的事。因此，以精致生活、无双品质为追求的驰记工坊便应运而生。

“自然甄选，晶润人生”是驰记工坊的初衷，它的创始人是一位眉眼温柔，笑容清淡的女子，名唤汪祖媛。祖媛爱美，也爱生活。在很小的时候，她便开始学习舞蹈，在一次次的旋转跳跃中认识了平衡，积蓄着力量，对美的感悟也越发深刻。17岁，她去瑞士，最初只想着可以一直跳下去，后来因着伤痛的折磨，只得遗憾地放弃了舞蹈事业。

常年的舞蹈生涯磨炼出了她的耐心，她性子欢腾又清静，向往着精致优雅的生活，向往着清风徐来水波不兴的人生。即使后来不以舞蹈为

驰记工坊，懒人即食燕窝

生，却也始终保持着澄澈清明的心境，不争不抢，淡泊致远。25岁的时候，她开始注重养生。因嫁到马来西亚，当起了马来西亚媳妇，她便开始定期食用燕窝，尔后渐渐感受到了燕窝的好处。半年后，在好友的鼓励下，她正式开创了燕窝事业。

创业谈何容易，一路走来，也是历经诸多波折。走过的种种弯路都化作了宝贵的经验，支撑着祖媛及其团队一路前行。民以食为天，食以安为先。这是她始终记在心里的一句话。她做燕窝，从挑选原料，到消毒挑毛再到检验检疫，这一系列的步骤都遵守着严格而繁琐的规则，一丁点都马虎不得。无论是旗下最负盛名的懒人燕窝，还是其他产品，都只挑选最优质的燕盏中间部分做原材料，为此不惜提高成本。驰记工坊特意采用冻干技术，只因其低温冻结与真空脱水的独特优势能够完整保留食物的营养和味道，带给食客们最本真的芳香，最诚挚的体验。

浅浅燕盏，淡淡晶润，一碗滋养岁月，一碗浓稠人生

终有一日，我们面对镜子的时候，也会发现自己的脸上爬满时光的印记。我们惊喜于人生阅历留下的种种自信，却也怜悯无情岁月褶起的道道皱纹。

时光到底是留不住了，唯愿可以让它慢些走。幸好聪明的我们还懂得食补，食用软糯、晶润、爽口的燕窝，可以保鲜青春，让我们的美刻印在时光里越发得深刻、悠远；亦可以鲜活心灵，让我们一如既往地温柔如水，深邃如星，安宁如梦。腹有诗书，面呈容光，又何惧面对不返时光？

「打开淘宝app扫一扫」

纵使时光匆匆，难忘海味悠长

——海味新抱，沙参玉竹响螺头

以年轻的心情去拥抱古朴的海味，以赤诚的心意去炖煮此生的滋味。那汤里翻腾着的是年少飞扬的意气，是浓郁鲜美的生活，是沉浮两极的人生。我们是撑着小艇出海的岸边人，尚未经大风大浪，却无一日不在梦想归来的荣光。

喜欢跑步后淋漓畅快的感受，也喜欢热汤在胃里暖乎乎的感觉，我们年轻的心渴望奔跑，年轻的胃也需要安慰。海味新抱，是真心、实意、传承，亦是幸福、抚慰、成长。奋斗在这繁华都市里的年轻人，有了海味新抱，总能轻易炖煮出喷香的好汤，不辜负胃的期望，不辜负匆忙的时光。如果这份海味没有让你失望，请给予它鼓励，请支持它前行。

——致读者的一封信

城市是汪洋，你的心像一个孤岛。年轻女子在钢筋水泥的森林里穿梭，在四季的风里独行。走出去才明白天地的广阔，在梦里犹记得昔日的年华青葱。时光荏苒，岁月匆匆，你尝过了人生的种种艰难，才知珍惜身边的风景。才知生活的目的地不是办公桌上琐屑的文件，不是计划表里密密麻麻的日常行程，不是航空里程的累积，不是陌生人客套的微笑与礼仪。

云在青天水在瓶，而你踩着一双精致的“咔嗒咔嗒”在辗转打拼。向往北极圈雪原的极光，向往特卡波小镇的星空，向往犹他州的布莱斯峡谷，向往多佛的白色悬崖。向往旅行，却很难有足够的闲暇时光。于是在繁忙的工作间隙，用预备好的食材与汤包丢进炖盅里，一边听那咕噜噜的声响，一边慢慢梳理此生的悲欢。当奇异的香味充溢了整座心房，你可从那汤的滋味里尝到远方的精彩，尝到大海的鲜香。

沙参玉竹响螺头，滋阴清肺，香甜助眠，这美味难得，这时光难得。城市是汪洋，年轻的你我是一座座孤岛。迷恋远方所以奋勇前行，向往精致的生活却忘了弥漫在身旁的小确幸。没有什么比爱自己更重要。从

心底关爱自己，从那浓郁汤底体味世间诸事，享受沉浮人生。

将这美味传承，让这海味新生

响螺头、沙参、玉竹、淮山、圆肉，再加上三四颗无花果、胡萝卜和猪肉，足量的原料，精彩的搭配，轻易便炖煮成了一锅浓郁的好汤，生津健脾，滋阴清肺，醇美甘甜。而这美味，来自于海味新抱。古今中外的美食家热衷于品汤，乐意从那鲜美的滋味里去感受漫漫人生。而住在沿海地区的人则惯食海味。昔日的渔民无法保鲜鱼货，便借助爆裂式的阳光，将鱼类、贝类及其他海产一一晒干，成为海味。当海味入了汤，便是一锅鲜美无匹。

沙参和玉竹都是中药，各有各的功效，对身体极好。炖煮出来却没什么药味，只将营养润物无声地化在了汤里，Q弹鲜甜的响螺头则成了主角。响螺是常见的海味之一，海味新抱家的响螺源自美国深海，香润可口，色泽自然，是难得的美味，又能滋阴养生，是煲汤之上品。海味新抱将所有的原料一一搭配好，制成汤包，奉上汤谱，哪怕再不善厨艺的年轻人，花一点时间去炖煮，便能轻易享受这浓鲜美味。于繁忙工作的间隙，用温润的汤品来安慰自己疲惫的身心。

提起海味，大家脑海里总会跳出“鲍参翅肚”，早年间，那是富贵人家的专享。海味新抱却说，“白菜萝卜是幸福，鲍鱼花胶亦是幸福”，耐心炖煮便成家的滋味，便成人生的滋味。年轻人的生活匆忙，口味亦变得西化。但怎么变，由各种新鲜或干货食材炖煮而成的广式靓汤都是天南地北的华人们心中不变的美味，而海味干货更是走进了寻常人家，搭配各种食材，炖煮出一锅锅浓郁鲜爽的靓汤，凭着那独一份的营养，滋润了太多的灵魂与胃。

香港上环的海味街历史悠久，海味铺子林立，有最好的参茸和燕

「海味街是香港有名的海味干货店集中地。」

窝。这条老街曾辉煌，却于新兴商业的夹击下，逐渐归于平淡，一如从前的山珍海味，隐没入平凡的生活里，由高不可攀变得亲切而贴心，以浓汁润味治愈着现代人敏感疲倦的心灵。海味新抱与上环海味街的味道一脉相承，却又怀秉持不同的理念，在喧嚣繁华的都市中始终坚守初心，慢慢开始大放异彩。

中国人食用海味，已有漫长的历史。普通人都知道那是好东西，却总觉得这美味离自己的生活太远。海味新抱却立志于做传统海味干货里的一支年轻新力军，用这一盅盅靓汤，用这浓郁的鲜香去填补无数空虚的胃与灵魂。海味新抱亦希望这正宗的粤式汤包食材能够流传海外，这传统能被传承，得以在新时代里焕发出不一样的光彩。

海味新抱提供最好的海味干货，最简单最贴心的汤谱。煲汤的过程最让人享受，怀着虔诚和期待，看食材在汤里翻滚，鲜味一点点飘溢，直至充斥整个心田。浓郁香醇的滋味让一颗颗疲倦的心慢慢安定。而心之所安，才是家之所在。

她说，如果你愿意尝试，就先去买个炖盅

香港的海味街上有无数的山珍海味，亦藏着大隐于市的高人，在每一个闲茶饭后，在残阳如血的黄昏里，津津乐道于老街曾经的盛景。老伯们懒洋洋地掸着灰尘，趿拉着拖鞋，可能还穿着老式背心，一副不修边幅的模样。但他们是真正的隐者，历经熙攘繁华，安心享受平淡。Maggie打心眼里尊敬他们。她为无法一睹当年之盛景而遗憾，又庆幸能跟着海味街上的老行家，去创立海味新抱，让这传统的海味去拥抱年轻的世界，去焕发崭新的活力。

早年间，她也曾有出色的事业。在传媒行业里摸爬滚打，奋斗在销售的第一线。纵使累，也不肯轻易停下脚步。后与金融才子喜结连理，同时也嫁入了海味世家。丈夫祖上几代都从事海味生意，公公更是这行里的老行家，累积了四十多年的经验。Maggie就与海味结下了一生的缘分。

决意创业之时，大儿子三岁，小儿子一岁多。都在懵懂无知，天真烂

「身为海味老行家的公公是海味新抱强有力的后盾。」

漫的年纪，需要父母的精心呵护，离不开家的温暖。以往工作太忙，虽然家中食材齐全，但因无人烹煮，也是冷锅冷灶。Maggie对海味的感情越发深厚，她越来越觉得，食材，该被精心对待，现代人的灵魂和胃，都需美味滋养。公公已经退休了，他的那些经验若是无人传承，渐渐地便会消逝在历史的尘埃中，再不会有人记得。Maggie心里慢慢浮现出两个字——责任。随后，字迹淡化了，接着，幻化成了大大的“传承”二字。

「一锅好汤，就能慰劳疲惫的身体和心灵。」

海味新抱便因着Maggie这份强烈的责任感和传承之心而诞生，好在公公是强有力的后盾。他为Maggie细数成本售价里常被忽略的细节，食材货源的出处，包括各种食补的功效，等等。在公公的指点下，Maggie渐渐有了心得。让她感动的是，创业初期，从前的同事，朋友给了她莫大的支持和帮助。这些善意，让Maggie的心越发变得柔软，路，却越走越坚强。

Maggie曾目睹过无数精英女性，在写字楼里打拼，为了事业和家庭几乎耗尽了半生的心血和精力。无数人前赴后继，只为获得更顺畅的人生，更出色的事业，更圆满的家庭。哪怕心力交瘁也在所不惜。曾经，Maggie也奔跑在她们的队伍中。如今，她以最诚挚的心情去创立海味新抱。Maggie想用美味营养的靓汤去安慰那些忙碌疲倦的身体和心灵，为他们积蓄前行的能量，为他们加油打气。

Maggie总认为自己只是平凡妈妈中的一员，她感谢这个精彩的时代，感谢家人的包容，有他们的支持，她才可以去实现和创办这份事业。她一路经历，羽翼慢慢丰满，灵魂渐渐充盈，不断以新的认知对海味新抱倾注新的感情。海味是珍贵的食材，但它的作用不仅仅只在于滋补，或者说，它不仅仅只限于身体的滋补。海味，可炖成清汤，可制成浓羹。那味道浓香勾魂，第一口便能惊艳四方。食到半程，满心的欢喜化在那汤里，变得悠远绵长，突然便对眼前的幸福无比珍视与感动，突然就想起了故乡的炊烟。原来那海味煲成的汤，再美味再惊艳，归根结底，都是家的味道。如果你愿意尝试，就先去买个炖盅。

不做人间惆怅客，纵使时光匆匆，难忘海味悠长

食为天性。无论是山珍海味还是路摊上的煎饼，都是人生的滋味。而那人生的种种滋味，酸甜苦辣咸，浓到极致，淡至寡然，尝到最后，都只剩家常。平日里的繁忙热闹，是轰轰烈烈的烟火，瞬间即逝，别等走过了半生，才晓得关爱自己，才明白家的可贵。

人生要经历千百个路口，弯弯绕绕，曲曲折折，向着顺风的坦途，拐向湍急的逆流，走到最后，最期盼回家的道路。浮游四海的人生，再精彩，仍有飘零之感。不愿做人间惆怅客，不愿客旅天涯，不愿将有限的光阴托付给无限的事业。当心事在汤底沉浮，最终消散无形，这一刻只记住了幸福的滋味。

海味新抱，沙参玉竹响螺头

借自然本味，得方寸百味，享甜蜜时光

——21cake，百利甜情人蛋糕

乳脂奶油蛋糕脱离冷藏环境后，仅能放置2小时；瞬冷工艺制作出的慕斯，回温至4℃会得到最佳口感；单品咖啡挂耳包，充氮之后，保鲜期可延长至30天；空气含量30%、保质期仅10天的gelato冰激凌，最佳食用温度为-12℃。

吃东西，不应该是一种时尚。

希望你能关注食物本身。

流行会退潮，热度会冷却，人们只会通过味道记住。

——致读者的一封信

发小是个不那么孤独的美食家。她总有要用食物来庆祝的小事，下雨了得就着寒凉的空气来一碗热腾腾的云吞面，炉子上还咕噜噜煨着一小砂锅的红烧肉。夏日里独爱冰镇蓝莓芋头泥，寒冬则少不了海带黄豆棒骨汤。

发小爱吃，并精于此道，且以食会友，不亦乐乎。但在伤心的时候，她喜欢用甜食来治愈自己。记得那一年，她失恋，我生病，两个“病友”惺惺相惜，瞪着面前一方玫瑰围边的裱花奶油蛋糕馋涎欲滴。用指尖沾一点奶油，送入口中。也许是病得昏沉沉，眼前似乎炸开了一片灿烂的玫瑰色，耳朵里亦嗡嗡作响。

我有时候想上帝是不是也总会感慨，人怎么会这么聪明。生鸡蛋不好吃，面粉也不好吃，食用油更是难以下咽。可是将它们以恰当的比例、正确的工序组合成在一起，美味的蛋糕便新鲜出炉。

这些原材料就好似生命的本味与真相，要经过不断地糅合、搓捏，还要经过一番烤制，才有可能变成一份上乘佳作。

「百利甜情人的原料为爱尔兰百利甜酒、新西兰奶油和云南玫瑰甘露。有趣的是，官网在对原料的英文描述里写的是：Just Bailey’s, light cream and you.」

「法国重瓣玫瑰制成的玫瑰蜜酱」

一方浓郁清甜，塑起一个玫瑰色的梦想

饮食男女，百味人生，而甜，是其中最为重要的主题之一。

伤心难过的时候要吃甜食，发小深谙此道。那份香甜会刺激脑内啡的分泌，是天然的镇痛剂。女孩子们对体重总是格外关心，但对百利甜情人蛋糕仍旧毫无招架之力。人生不如意事十之八九，可与人言无二三。发小总一边舔唇一边辩解，她这是化悲愤为食欲，再化食欲为力量。

她把自己描述得面目狰狞，我却看过她面对美食的表情。别人是囫囵吞枣，大快朵颐，她却是细嚼慢咽，享受异常，不愧是个热爱生活的吃货。她虽遭受过生活的暴击，却依旧活得张牙舞爪，生龙活虎。这便是甜食传递给她的力量，那美妙滋味中和了苦涩，化解了所有的委屈与不甘。

正所谓没有过不去的坎，没有一方香味浓郁的美貌蛋糕解决不了的事。享受美味的时候，要投入，要温柔，要穿上最美丽的裙子，要郑重其事。洗净双手飞舞在方寸之间，几道横切竖切下来，那完整的一大块已变成方方正正的几小块，小巧可人，浓香四溢。

只凭着百利甜情人蛋糕的美貌，便可笼络一大批少女心。蛋糕四边缀满了鲜艳的玫瑰花瓣，中间细腻的奶油聚起一片烂漫的海浪，让人爱不释手，馋涎欲滴。更让人欣喜的是，它入口即化，奶味纯正，清甜不腻。还记得那滋味第一次绽放在舌苔之时的感觉，随着奶香、玫瑰花香一股脑地冲入了口腔，眼前似是爆开一片金星。等那份丝滑顺着喉咙入了胃，细细回味，却又多了丝丝甜酒的清香。

玫瑰花海，玫瑰花瓣，玫瑰甘露，玫瑰蜜饯。这几个关键词与21cake家的百利甜情人蛋糕息息相关，而它们都紧扣着“玫瑰”二字。明代卢和在《食物本草》中记载，“玫瑰花食之芳香甘美，令人神爽”。玫瑰花香沁人心脾，它被称为“维生素C之王”，其美容养颜功效亦是众所周知。而百利甜情人蛋糕所用的玫瑰皆从云南空运，确保新鲜，确保真实的品质。

当初，为了寻找优质的可食用玫瑰，21cake团队将目标对准了云南普者黑，他们不辞辛苦，一次又一次地探访当地的种植园，并最终选择了以法国墨红为母本的高原重瓣红玫瑰品种。十三年间，21cake团队见过四千次云南凌晨的模样，带回五百万枝新鲜玫瑰，至少八千万次为糕体细心地贴上花瓣。

美的玫瑰，甜的蛋糕，试问有几个女孩儿能不被拨了心弦？而人生与蛋糕，站在某种奇异的角度上看，亦有了紧密的联系。

面对生活，喋喋不休、耿耿于怀的人，想必无法接受从一开始便注定会物是人非的人生。面对生活，锱铢必较、睚眦必报的人，经过岁月打磨，只能遇见愈发面目全非的自己。面对生活，豁然大度、达观开朗的人却能嬉皮笑脸，从容对待人生的难。一路走来，他们忘记了酸涩、苦楚、辛辣，只牢牢记住了甘甜与芳香。

百利甜情人，让我们消融了无数的心事。人生除了霁月风光，还有种种心酸，只当是做了一场玫瑰色的梦。

食材之旅，千般滋味；方寸之地，百态人生

在浮华与名利大行其道的今天，21cake以一骑绝尘的姿态，低调而又严肃地承诺，他们只做新鲜的方形蛋糕。而在甜食爱好者们眼中，-21cake是浓郁滋味，上乘品质的化身。21cake将娴熟技艺尽情发挥于那方寸之地，无论是在配方、口味，还是在形制、创意，乃至任何细节上，都有着独特的坚持与信仰。

21cake注重技艺，更注重创意；注重塑造外形的美，更注重形成内里的灵魂；注重新口味的选择与研究，更注重保护食材的天然本色。身边的蛋糕品牌，以植物奶油为原材料的居多。而自2004年21cake诞生以来，这十三年间，新西兰的天然乳脂奶油、比利时的巧克力、美国或土耳其的榛子、牙买加的摩根船长朗姆酒、爱尔兰的百利甜酒……近50种来自全球各地的原材料由21cake亲自挑选，再一一加工成我们熟悉的样子。

所谓自然美味，一定有着其特殊的生命韵律。21cake总会思索着，如何去保存食物的天然本色，在此基础上，研发团队匠心独运，将每一种精心挑选的食材都运用得恰到好处。这是对健康的极致呵护，也是对食材、技艺的尊重。

翻看21cake的食材之旅时，总能收获满满的感动。

沐浴在强烈阳光之下，成熟于热带风暴之中的尖竹汶府榴莲，需要从泰国跨国陆运，全程超过三万里。为求地道新鲜，一路快马加鞭，以最快的速度将这熟透了的自然风味安全送达目的地。而这，便是他们为了一只榴莲所行的路。

到了果期，在东北伊春，借着微微的天光，循着山野之间的“毛道儿”，他们去打松塔。仰头，遥望着那高耸入云的红松树，只觉得一派清静。戴上脚钉，捋起袖子，系紧安全结便一路攀爬而上，蓝天一度近在咫尺。辛苦忙活了一整天，七八袋松塔由着马车缓缓地拉下山，每一袋都在一百三十斤左右。负着这沉甸甸的欣喜，从伊春出发，不远千里，回到大本营。而这，是他们为了一颗松塔所行的路。

除了泰国尖竹汶府榴莲，东北伊春的优质松塔之外，这个为了爱吃的口舌不顾一切的团队，还惦记着云南普者黑阿诺村花田里的玫瑰，日本宇治市的抹茶等等。为了最新鲜、最地道、最美好的食材，-21cake一次次心怀希望地出发，又一次次踏着晨露或阳光满载而归。

甜，是人生的重要主题

美食甜品，是吃货们的“胜利徽章”，亦满足了甜食爱好者们的终极幻想。在人生的滋味中，甜，是极其重要的主题。绵长的香甜和浓郁的芳香给平淡的生活添了不止一点的喜悦，无论生活有多艰难，都不该放弃希望，转角总会有一家还没打烊的蛋糕店。心情颓丧的时候，不妨暂时抛开一切，全身心地沉浸在这些貌美又好味的蛋糕里。这甜与美，虽不一定能马上带来人生大改变，但努力再等一等，终会与阳光再次相见。

无苦不甜，想做一件事，就不能等

——关茶，抹茶生巧克力

提到茶，大多数人可能都会自然而然地想到风靡全球的西湖龙井、毛尖或铁观音，但却很难想到兴于日本的抹茶其实也来自中国。关茶立志要做的，就是将源于中国的抹茶带回中国，探索关于抹茶的一万种可能。关茶希望能带着对食物的敬畏和食品人的匠心，将抹茶与种类繁复的食品搭配，用令人放心的好质量创造出令人惊叹的新口味，让这个时代的年轻人有更多的机会认识抹茶，爱上抹茶。它就像是童话女巫手里的神奇魔法，能将寡淡无味的食物变得绚烂无比、让人难以忘怀。探索的路荆棘满布、知易行难，但有你同行，我们始终坚信：在不远的将来，中国也会有值得称傲的抹茶品牌，人们提到抹茶就会想到关茶。

——致读者的一封信

曾有个少年，青涩内向，不善言谈。曾有个姑娘，直率爽朗，天真烂漫。少年爱看闲书，眼里藏着不符合年纪的老成与风霜。姑娘爱玩爱闹，笑起来梨涡浅淡眉眼弯弯。同桌的他们曾交换过理想。少年说，他想环游世界。姑娘说，终有一天她要成为伟大的甜品师。那时候，小镇上阳光明媚，四处弥漫着青草的气息。

放学路上，少年叫住了姑娘，他红着脸摊开手掌，掌心里躺着一块用锡纸包好的巧克力。多年过后，姑娘还记得那滋味。入口苦涩，之后甜到发腻，亦是青春的味道。岁月颠簸似梦，人生起伏如歌。在故事的结尾，少年不知去到哪里，姑娘仍爱甜食，却没有成为甜品师。

姐姐在说这个故事的时候，眼神安然，我却为她惋惜惆怅。当时屋外大雪飞扬，我们光脚坐在地毯上，共同分享一碟抹茶生巧克力。我们谈起那个少年，也许他成为了一名作家，也许他早已翻越无数名山大川。也许，生命就像一盒巧克力，你永远不知道下一颗是什么味道。

不久后，姐姐辞了职，去了心心念念的那座城市，决意要从头开始。她说以前觉得自己的人生已定型，现在却觉得生命还有一百种可能。不试试，怎么知道。

苦与甜，是绽放在命运舌尖上的双人舞

多少人向往稳定又安全的人生，生命的常态却是起起伏伏不断。多少人将所谓的安稳，过成了庸庸碌碌和蝇营狗苟。而又有多少人只愿此生一帆风顺花好月圆，不愿承受坎坷与磨难。

殊不知，苦和甜正是一对默契的舞者，翩翩旋舞在命运的舌尖上。苦至极致，有甜来婉转承接。甜至发腻，有苦来中和缓解。品这一小块四四方方的抹茶生巧克力，亦能感受到有关人生的深刻哲理。高峰越盛，低谷越深。真低到了尘埃里，却又见着了柳暗花明又一村。人生有无数

种可能，不要轻易定型，不要放弃尝试。

关茶在寒风凛冽的冬天推出了一款滋味醇厚的抹茶生巧克力。苦与甜，是抹茶生巧克力不变的主题。回旋往复、纯正浓厚的苦来自于高质抹茶，香郁可口、恰到好处的甜来自于顶极白巧。也曾尝试过多款抹茶生巧克力，齁甜是唯一的感受，抹茶的清新与苦涩转瞬即逝，其本身的浓郁香味亦后劲不足。

关茶说，齁甜是病，得治。他们数度去往日本访园问茶，最终在宇治偏僻的茶山上，寻到了名为“傲绿”的抹茶名品。“傲绿”的种植者是一位老人，虽年逾古稀，却神采奕奕。为了远离城市的喧嚣与污染，老人不辞辛苦，一次次将茶园向山上迁移。他对生命的敬畏，对匠人精神的追求令人钦佩。

“傲绿”需要最好的生长环境，高山云雾滋养着它的灵气，充足的阳光与雨水使那绿意更深，香气更浓。选择“傲绿”，需要付出太多代价。可关茶还是扛住了昂贵的成本和运输的不便等压力，他们的坚守自有其理由。无论是大雪纷飞还是酷暑难耐，当你打开关茶生巧克力的那一刻，都能有扑面而来的春意，和烙印在眼里的那端正的绿。

以“傲绿”为原材料制成的抹茶保证了滋味醇厚的苦，而那甜却少不了白巧克力的加持。白巧选材和处理工艺决定了抹茶生巧克力成品的甜度。关茶团队担心关茶生巧克力也落了齁甜的俗套，再三思虑后，决定从材料入手去降低生巧克力的甜度。比利时白巧因着顶级品质被关茶选中。经过无数次试验改良，关茶抹茶生巧克力最终呈现在他们面前。

一块块抹茶生巧克力小巧精致，绿意盎然，化成了口腔里的苦甜双人舞。那苦厚重，那甜细腻，此消彼长，滋味绵长。叫人不忍用牙齿咀嚼，只静待它融化在舌尖。闭眼品味的瞬间，突然涌现了很多过往，突然明白了很多道理。

也许曾有一个人，纵然忘了他的名字，却忘不了他那温暖阳光的微笑。世界上一定有这么一种味道，芳香浓郁，独一无二，它跳蹿在脑海

里，让我们一遇倾心，始终无法忘却。这温暖，这味道让人铭记在心，让人渴望将它传递给越来越多的人。只有暖心又精致的礼物，才配得上热烈深沉的爱。希望这苦与甜能够温暖每一个在严冬中辛苦奔波的你，还有你在意的人。

小小生活，大大梦想，想做一件事，就不能等

关茶的一切都围绕着抹茶打转。小关从未想过，此生，她会与茶的艺术结缘。

小关钟爱绿色。她是令人艳羡的清华学霸，也是一个活力满满自信昂然的元气美少女。小关总是那么乐观，这并不是因为她不曾遭遇过挫折，见识过苦难。只是她相信，有苦有甜，才构成了生命的圆满。

若想活得不拘绳墨，就得笑得肆意张扬。若想不再畏畏缩缩，首先

得向前迈出最勇敢的一步。2014年，小关从清华大学经管学院毕业。随后奔赴法国，于巴黎ESSEC高等商学院就读研究生。巴黎是个梦幻之地，不能错过的除了埃菲尔铁塔，还有琳琅满目的甜品店。小关“逛吃逛吃”，成了巴黎甜点的活体攻略指南。这一时期的主题词是甜。

某一天，她突发奇想，四十岁的时候定要成为甜品师，开一家美丽的甜品店，从容安度岁月。这个念头在脑海里翻滚不休，愈发炙烫滚热，让她怎么也放不下。心火烤着这股活水，终于燃至沸点，在阳光下痛痛快快地嘶鸣起来。

为什么不是现在?她敞开心扉，质问自己。

是啊，为什么不是现在?即使输了，也是一段不错的旅程。更何况，还不一定会输。2015年初，她果断办理了休学手续，去法国蓝带厨艺学院学做西点。这一时期，主题词是苦。

「关茶创始人小关」

在巴黎学厨期间，小关的小脑袋也还在想着另一边的东方文明。她本身是个抹茶控，对茶文化非常痴迷，总想着要做些什么事情把东方的茶文化和法国的甜品艺术技法连接起来。

恍惚间，这苦与甜终于汇聚、交融，关茶的概念孕育而生。抹茶的源头在中国，这原本是独属于中国人的艺术，如今却被日本人做到了极致。2015年，小关从蓝带毕业后只身前往日本，探访静冈宇治的茶园，学习采茶、制茶的技艺。她想将最纯正的抹茶重新带回中国。

关茶是从一瓶新鲜浓醇的抹茶牛奶酱开始的，“老茶新吃”是小关想要传递的美味理念。最让小关介怀的是，当下时代的“抹茶控”众多，但吃到抹茶真正味道的却不多。抹茶的保鲜和运输是一大难题，因而市面上的绿茶香精、防腐剂一度泛滥。关茶不想做假的抹茶产品，他们不惜付出极高的成本建起全仓储藏和冷链运输，只为保证抹茶的品质，保证那甜的香郁，那苦的真实。

从抹茶拿铁、抹茶牛轧糖，再到抹茶生巧克力，关茶致力于探索抹茶的一万种可能。路远迢迢，人生如梦。太阳升起又落下，忘不了年华的苦乐，难易与悲喜。再复杂的生活，再艰难的人生，都不妨以简单的心态去面对。小关说，往前走一步，就不再怕了。是啊，若想不再害怕，就用力地向前走一步吧。

辛苦如甜，回味无穷

有多少青涩的情感曾无疾而终，有多少美丽的梦想曾破碎陨落。而我们最终接受了生命的诸多遗憾和种种真相。关茶告诉我们，生活永远是甜苦相随，顺境加上逆境才能称为人生，没有谁能不一样。既然如此，不如勇敢面对。

勇敢的人心里藏着一头细嗅蔷薇的猛兽。哪怕被暂时困在一方窄小的天地里，亦不会半途而废，浅尝辄止，随波逐流。他们意气风发，自信昂扬。永远爱折腾，既敢于迈出第一步，又敢于去挖掘未来的一百种可能。

关茶信奉的是“想做一件事，就不能等”。有些人看起来安静平凡，骨子里却藏着令人惊讶的力量。这样的人将永远步履不停，他们的目标是天空，是原野，是更多的可能。

注：经过一年的发展，关茶和中国的抹茶产业都有了长足的进步。现在，关茶已经开始将目光慢慢转回国内，不断挖掘那些在中国土地上经由先进技艺培育而出的抹茶。

Matcha Latte with Strawberries
草莓抹茶拿铁
¥26
关茶
Classic Matcha Latte
抹茶拿铁
¥24
Roasted Tea Gelato
焙茶意大利手工冰淇淋
¥24
关茶
Pure Matcha with SeaSalt Cheese
雪域御抹茶
¥26

关茶，抹茶生巧克力

关茶、抹茶生巧克力

居之物

PART2

人会为自己搭建屋子，会给自己的屋子添置物品，会把自己的屋子命名为“家”。所谓家，除了相濡以沫的家人，还有一同度过漫长岁月的居家物品。

当锅碗瓢盆都变得有态度，你又怎能放任自己潦草地生活

——树可，莲花锅

很高兴认识你。

我是树太，是树可的创始人，和树生一起经营日常生活器物。

最早我们有过一家温暖的实体小店，叫幸福杂货铺，后来倒闭后转到网店经营，坚持到了现在。我们或许称不上工匠，但取材自然以及手工制作的朴拙和温度也可以让人感知。

希望树可将见证时间，这里有烟火味和人情味，如最初的实体杂货铺般亲切，我俩从年轻开到年老，希望你们会记得我们的平凡故事，偶尔想起，回来逛逛。

有你在，这里更添一分人情味。

——致读者的一封信

多年以前，奶奶说“一日三餐，就是生活”。还记得奶奶的搪瓷小锅，小火慢慢地热豆浆，豆浆在洁白的锅里静静地享受生活。看着她将搪瓷汤盆、搪瓷茶杯仔细清洗细心码放，素净优雅、井井有条的场景至今难忘。多年后筑造自己的小窝，忽然想要寻觅一个称心的搪瓷小锅，却发现这是一件简单却又不那么容易的事情。

搪瓷作为古老的工艺，工序繁多，也不尽完美，早已被陶瓷和不锈钢器皿所取代，淡出了人们的生活。国内虽然搪瓷厂众多，但搪瓷器皿往往参差不齐，优劣相去甚远。因始终找不到称心的搪瓷小锅，这件事也就被淡忘了。直到有一次，朋友告诉我有一家专售搪瓷用品的店铺。

搪瓷店铺我看过得多，脑海中浮现出老旧单调的搪瓷脸盆、大茶缸。原本不想探访，谁知这一去竟了却了多年来寻觅搪瓷小锅的心愿。

初见为相貌倾心，了解为品质着迷

第一眼看见素雅的莲花小奶锅，就被深深吸引，打破我对国产搪瓷的刻板印象。白釉搪瓷锅身，像个素面朝天的少女，搭配树绿色的釉彩描绘出简单的莲花图案，简单而大方。弧线形的手磨木柄设计，不烫手之余还能形成舒适的握感，叫人怎能不喜欢？把喜欢之物收入囊中，好好珍惜，长久使用，共度漫长岁月，共历人间烟火，是谓满足。

「树绿色釉彩的莲花小奶锅，如同一个素面朝天的少女。」

醉心于搪瓷，除却对儿时的怀念，还因它本身的魅力。搪瓷，是一门古老的工艺。一件好的搪瓷器皿需要经历六七十道工序，全靠手工制作。搪瓷还有另一个名字，叫作珐琅。“珐琅”听起来就像是高不可攀的精美艺术，没有一丝烟火气息，和锅碗瓢盆一点都不相称，因此我更愿意把日常的珐琅器皿叫作搪瓷，听起来就像是小家碧玉的物件，充满人情味儿。人们对搪瓷的偏见来源于特殊时代里搪瓷的低配生产，但其实上乘的搪瓷一直在日韩和欧美等地活跃至今。

为什么喜欢搪瓷？

比起不锈钢、塑制品的完美，搪瓷磕碰会掉瓷、使用上略为娇气、工艺瑕疵多，但我独独喜欢它的单纯。搪瓷抗酸碱，锅里煮着的东西隔了一夜也不容易坏，比其他器皿要健康卫生得多，过去奶奶常用搪瓷小锅热豆浆也就是因为这个。

我很好奇树可的掌柜是如何找到这么优质的搪瓷厂家？为什么会想到贩售搪瓷制品？是怀着什么样的心情在设计搪瓷？

为一简单念头，走崎岖一路

树生与树太，老板与老板娘，宠爱与被宠爱。一个学IT，一个学造纸，一个笑得腼腆，一个笑得开怀，他们用理工科独特的浪漫方式从校服走到婚纱。修过电脑造过纸，开过不摆拍的照相馆，卖过不常见的打口碟，不计成功失败，只顺应爱折腾的内心。因为爱折腾，两个上班族利用业余时间开起了实体店“幸福杂货铺”；因为坚持折腾，从零开始的“树可幸福杂货铺”在淘宝一步步走出阴霾。理工科的严谨，让他们奔赴全国各地寻找优质的货源；对细节的重视，让他们坚持对每一件货品精挑细选。做喜欢做的事，努力赢得更多人的喜欢。

叶怡兰老师的一本《幸福杂货铺》让树生与树太有了开间杂货铺

的念头，2010年，实体店铺幸福杂货铺正式营业，两个普通的上班族利用业余时间兢兢业业地经营着。2012年，房租的上涨让实体杂货铺难以维持，最终宣告结束。不甘放弃的树生与树太将杂货铺的理念投入到了淘宝网店的经营中，从零开始建设淘宝网店。从2012年到2015年期间，他们见证了淘宝规则不断细化严格，大大小小的突发状况，甚至一度遭遇滑铁卢。经过了调整、发展、再调整的不断付出，一路跌跌撞撞前行着。2015年，树生辞职投身网店发展，亲手设计"树可"的logo，"树可"品牌就此建立起来。

"树可"这个名字，其实细细想来，从那时到现在，都代表着一种态度和期望。希望可以一直坚持下去，像树生与树太之间的情感一般走得更远。其实你我都是普通人，没有那么多远大的梦想。对于树生与树太而言，只想开一家小小的杂货铺，做喜欢的设计，出售喜欢的物件，坚持做喜欢的事。将自己生活中的幸福与美好的祝愿精心地设计成一款款美观且实用的物件，希望获得更多人的喜欢与认同。树可，是树生树太的"树"，像大树一样温实且创造价值；可以坚持下去的"可"，带来有梦可依，有树可栖的安全感。

电商的路也并不总是一帆风顺，起初因不善经营而大量囤货，成本的积压令人心痛，满仓库望不尽的物件令人忧愁；而后细节的问题一度造成顾客的误解，几经重创之下濒临倒闭。原因就在于对电商运营的一知半解，对规则细节尚未成熟运用，身为上班族的两个人缺少时间与精力进行细致的优化调整。在整个危机的过程中，太过单一的思维方式也带来了发展的困境。本以为只要做好设计、贩售优质的物件即可，而实际的发展却是环环相扣的一张巨网，想得太简单，反而忽视了诸多沟通、服务的细节。

「树生与树太，一个学IT，一个学造纸，一个笑得腼腆，一个笑得开怀。」

初心不负，想开一家杂货铺的念头树生与树太从未忘记，“幸福来自生活的细枝末节”，网店的几经风雨让树生与树太学到了许多新鲜而有趣的东西，危机并不可怕，调正姿态解决危机成为两个人固执的坚守。两人放弃原本优越的工作环境投身网店经营，先后在2015年、2017年辞职，专心经营树可。

接触得越久，越觉得树生与树太是典型的理想主义者。两人会为了一个小物件跑去深山老林里找“连自己也不清楚是不是真的存在的工厂”，在竹林山路胆战心惊地看着导航，担心自己迷失在异地他乡，最终在看到工厂的瞬间感动得热泪盈眶。除了卖货，树可杂货铺还有各种有意思的展示——摄影作品展览、团队成员故事、实体书店的搪瓷工艺展览，将生活的每一面都毫无保留地展示给志趣相投的人。

树可，有态度的幸福生活

有人说生活是一口五味俱全的锅，煮着形形色色的人。那么有时候忍不住会想：翻煮在这一口锅中，究竟什么才是幸福?清晨已至，走进厨房，打开冰箱，取出食材放进光洁温柔的搪瓷小锅里，素雅简约的莲花纹在跳跃的火中摇曳，宽厚的榉木勺热切地将食材搅拌。所谓的幸福大概就是：既能被宽厚的榉木勺轻轻捞起，又能在洁白的莲花锅中自在安眠吧。有梦可依，有“树可”栖，幸福来自生活的细枝末节。

树生与树太是幸福的，树可也是。每一个称作“家”的地方都值得放上一两件树可的物件。精致的搪瓷像是上世纪的产物，却又分明带着新生的朴素优雅。食材在锅碗瓢盆中盛放，在火焰之上安静地翻滚，在小火慢煮的时光里绽放出健康的美味，熟悉的味道令人涌起对过往的怀念，以及对未来的无限期许。一日三餐就是生活，当你的锅碗瓢盆都变得有态度，你又怎能放任自己潦草地生活。

器物有灵，万物皆美，用尽深情点缀生活

——陶园梦1973，釉彩骨瓷餐具

如果你也有梦想，如果你也热爱生活，那么你一定会喜爱陶园梦1973，因为每一个梦想都值得被尊重，每一份深情都应被珍藏。陶园梦1973从高品质的骨瓷制作到细腻美好的设计，都承载了陶园梦对骨瓷、对餐具、对生活、对梦想的款款深情。我们深信器物有灵，万物皆美，而生活因梦而美。

——致读者的一封信

本想踏遍山川湖海，不甘平凡此生；于是越过山丘，领略世间百态。最后才发现，山川湖海踏遍，不如与爱人一朝一暮，一饭一蔬。深情之人选择诗意的栖息，选择用尽深情装饰生活。

若要用一种器物来比喻深情，那么一定是瓷器了。深情难觅，所以这比喻里定然是难得的骨瓷：刻骨铭心的深情，焚心以火的坚贞，温润如玉的相伴，柴米油盐的欢爱。这样算起来，凡是器物其实都有着人生的影子，似乎只要看见通透温润的瓷器，就会觉察到其中的难能可贵。

骨瓷之美，自有浑然天成的贵族气

选购骨瓷让生活充满了更多的深情与艺术感，我更喜欢独特的釉彩。玫瑰锦簇的花形，总有一种过于平凡的错觉，而这种独一无二，

陶园梦1973，釉彩骨瓷餐具

鲜有人识，才能满足心中对深情与艺术的期许。

骨瓷在国内尚未成为主流，寻常人家多半用的普通陶瓷，但只要用过骨瓷的人家，都不能对它那晶莹剔透的外观忘怀。曾有骨瓷爱好者用这样的话来形容与骨瓷的初次相遇：“初次遇见骨瓷，就不由得为那浑然天成的贵族气质所痴迷。”说起瓷器工艺，自然中国是独一无二，欧洲数百年来都对陶瓷推崇备至。然而骨瓷却并非源自中国，而是起源于欧洲，而且它也是唯一一种为欧美国家发明的瓷器。

据《剑桥中国史》记载，当精美绝伦的中国瓷器在欧洲大陆上出现时，一下就成为了欧洲人眼中的稀世珍宝。今日的我们定然想不到，在几百年前的欧洲大陆上，人人将拥有一件中国瓷器视为上流社会的身份象征，其价格之昂贵，可谓价值连城。

为了仿制中国的薄胎高白釉瓷，欧洲大陆的人们做了大量的尝试。在此期间，英国人偶然发现，骨粉的加入会使得瓷器更加通透。1800年左右，一个叫乔西亚·斯波德(Josiah Spode)的人成功做出了世界上第一个骨瓷产品。骨瓷产品比传统的陶瓷产品更细腻通透，也更轻薄质硬且亮度极佳，通体透着贵族的气质，并且从原料成分而言，骨瓷多是无铅烧制，鲜有重金属污染，十分适合长年使用。由此，骨瓷产品便开始风靡欧洲，直至今日。而今，它已成为了公认的高档瓷种，其中最上乘的产品往往都是供皇室使用的。也许，几百年前偶然加入骨粉的那个英国人从未想过，他的不经意竟开启了一个新的时代风潮。而作为陶瓷发源地的中国，直到1973年才研发出本土的骨瓷产品，这也是陶园梦1973中“1973”的缘来。

蒲公英的花语是无法停留的爱，命中注定要跟随自己的本心去往远方。把蒲公英与骨瓷结合的这一作品，被命名为“随心所欲”。它抛却了传统骨瓷镶金边的设计，乍看简单朴素，越看越像一个轻盈的梦，让

人忍不住用“秀色可餐”来形容。古人常言“秀色可餐”，在此处大约就是指美得令人心情愉悦、胃口大开吧。

“随心所欲”的两个主色调为淡粉红和淡粉蓝，这两个色调看似寻常，实际前后调了15次，远远超过同行的调色精度，这才最终调出如此静谧温和的粉蓝色，达到视觉舒缓的效果。瓷器表面是德国进口浮雕贴花——蒲公英，每一条花纹都富有张力，底面渐变的粉红让整朵蒲公英更加栩栩如生，渐变的根部设计，使得静止的花纹灵动而富有生命力。不得不说使用渐变手法的根部是真正的点睛之笔，这让飘逸的蒲公英更加完整，整体视觉更加完美。与此相对的是餐具边上运用了波浪边花纹点金的创意，为餐具添了几抹灵动。别具一格的是全套餐具的设计，26件的小家庭配置，40件的家庭聚会配置，有大容量的实用品锅，有独特设计的鱼盘，别出心裁的水滴味碟……都很贴合中国家庭的需求。

波斯花园，是九大园林组成的瑰美之地，也是世界遗产之一。琐罗亚斯德教的四大元素——天空、水、大地、植物，在波斯花园里淋漓尽致地展现，这花园里的每一处楼阁、亭台、喷泉，都叫人不禁想徜徉于其中，回味隽永。它多样而统一，精致而周全，如此无与伦比，与骨瓷是如此般配，经过陶园梦的妙手，这传说中的波斯花园就被搬到了骨瓷上。

现在想来，也许是因为餐具这类的器物与人的关系太亲密，反而让人容易忽略它们背后蕴藏着的那些努力。为了保证波斯花园的无铅健康环境，就不能在烧制上马虎，除此之外还要反复地排铅去镉；为了保

陶园梦1973，釉彩骨瓷餐具

证波斯花园的光洁花面，就要耗上18道工序，每一次的上色都要等待8小时去彻底风干；为了让使用的人感受到波斯花园图案上的灵动，就需要经验老到的师傅来手工贴花；为了让波斯花园适应使用微波炉的人，就需要额外添加成本昂贵的微波炉金……还有很多设计上的小细节都让人不由得惊叹。正如陶园梦所倡导的理念所言，餐具不应该只是约束和人们用餐的工具，还是用心让你好好吃饭的朋友。

工匠精神，认真的精妙艺术

骨瓷难得，上好的骨瓷堪称艺术的精品。陶园梦浸淫骨瓷制作多年，在工艺上进行了极大的革新，随心所欲中釉上彩浮雕工艺，让餐具整体更加立体，颜色亮丽富有贵族气息。正如波斯花园中所采用的低温烧制技术以及低温上色技术一般，在陶园梦的世界里，技术的革新是实现梦想的钥匙，紧握这一把钥匙，最终让陶园梦打开一扇扇前行的大门。

碗、碟、盘、勺这些再平淡不过的餐具，能有多少可能？

普通的瓷器餐具在洗干净后，总需要干抹布再拭去水珠。一直以来，我们都对此习以为常，但陶园梦却灵敏地嗅到了其中的细微之处，他们在骨瓷基本的釉面上再加上一层新型技术的釉面，让水过餐具而不留痕，轻轻地为母亲减少一份负担。

就这样轻微的改变，就能让生活变得不同。诸如此类在细节上下的功夫还有很多。比如，骨瓷餐具会有烫手的问题，陶园梦便给碗加了高脚的设计；为了让人们能在使用餐具时有更愉悦的心情，陶园梦在器型的设计上总是力求突破，水滴味碟、元宝鱼盘、宽边盘、花瓣碗……这些别出心裁的设计总能让人爱不释手。

再普通不过的餐具，经过陶园梦的手，便有了更多的可能。我们每

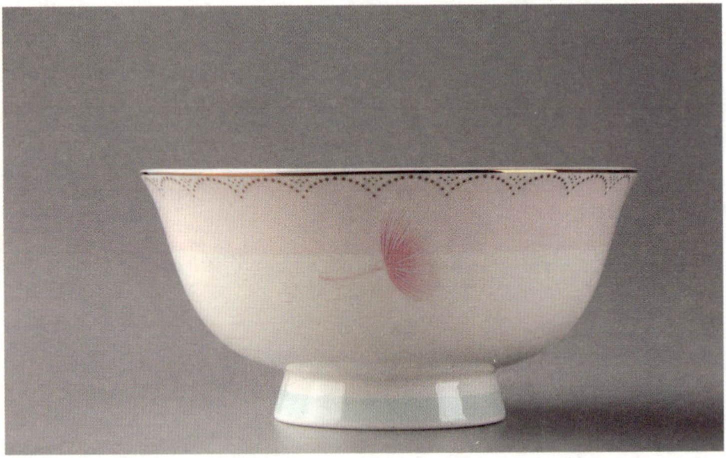

个人都有过拯救世界的白日梦，却很少有人愿意在这些小小的地方上下功夫。哪怕只是一碗一碟，哪怕只是一勺一盘，却有人愿意将全身心灌注于其中，去发掘器物更多的可能性。或许前进的可能只有1%，然而却是其他人从未想过的1%。

梦之承续，生活的深情艺术

除了工匠精神的传承，陶园梦的骨瓷里更多的是代代承续的理想与奋斗，说到自家的骨瓷，刘洋第一个提起的便是父亲。在时代滔天大浪里，父亲凭借一己之力开拓出一方天地。

祖父辈与陶瓷结下不解之缘，刘洋的父亲16岁便开始拜名师学艺。那些在陶瓷上写字作画的日子里，使他萌生了艺术创作的想法。在灰暗的年代里，白手起家的父亲夹着一个小包，奔走在客户与工厂之间，脊背上担的是养家糊口的重任，心中胸怀的是一颗艺术的心。他凭着一双灵巧的手和一股不服输的劲，兢兢业业地奔走着，大胆出挑地尝试着，希望将这生活的深情艺术变成更多更好的作品。陶园梦诞生了，像是一个不真实的梦，却有了最真实的开始。事业绝非一帆风顺，越是有梦想

「师傅在给骨瓷上色。」

的人越被世界所阻拦，从一开始的一穷二白，到最后的集团定制，从两个烧饼、一个背包四处找门路的举步维艰，到分店百余家、销售网络自成体系的欣欣向荣，陶园梦被踏踏实实一笔一画地勾勒出来。

刘洋从不认为自己做了什么了不起的事情，谈起自己的工作，只觉得自己是接过了父亲未做完的梦，接过了那深情的艺术、眼中的热泪、胸中的热血。自己做了什么？自己所做的便是站在父亲的肩膀上，去往更加辽阔高远的天地。曾经，年少叛逆的他想要逃离父亲的陶瓷事业远走异乡，而如今，相同的血液驱使刘洋站在了新的起点上，与父亲有了一样却又不一样的陶园梦。独闯天涯的斩龙少年，心中结着一颗自由的心，当指尖拂过这些精致的瓷器，能听见梦绽放的声音。将自己胸中这一腔热血，凝结成一件件独一无二的光滑骨瓷；将自己心中这一片自由，绘制成随心所欲的蒲公英。父亲将线下的梦境勾勒得波澜壮阔，刘洋开始在线上打造自己的陶园梦，将父亲的梦想一并承续，将深情化作器物，将艺术融于生活，器物的灵性由此而来。

陶园梦的骨瓷美得令人赞叹，让人忍不住怀疑设计师是否就是一个风情万种的少女，恰恰相反，设计这些精美骨瓷的都是大男人。如何收获广大顾客的喜爱？那便是深情倾听。顾客喜欢什么，就做什么，做不出来那就多尝试。从实体经营到淘宝经营，与恶意竞争的对手斗智，与盗版抄袭的小人斗勇，为顾客摘下天边的云彩，为骨瓷染上梦境的颜色。新颖绝美的骨瓷设计、细致无瑕的制作技艺，关于陶园梦，一代又一代似乎从未变过，却又似乎全然改变。不管如何，这一颗深情有梦的心都将会一代一代承续下去。

陶园梦，用尽深情点缀生活

爱人总觉得我不理智，居家的餐具而已，又何必选的那么贵重，况且美而实用的东西比比皆是。你说的都对，可是美的器物千篇一律，而灵性却百里挑一。我愿意为深爱的你放下繁忙的工作，耐心地在厨房做一顿家常便饭，而这一份深情该如何盛放，如何装盘，如何享用?况且世间万紫千红，我却唯独对你情有独钟，让我在柴米油盐之间盘桓，这一份深情又该如何安放?

正如陶园梦的理念所说，“生活因梦而美”，认真地对待生活，生活也将报你以温柔。陶园梦，在这个金钱至上匆匆忙忙的时代里，有一个桃花源一般的深情梦境。深情如此难得，有些深情在柴米油盐中翻炒殆尽，有些在庸庸碌碌中飘散如烟。人们总说光阴似箭，时间是一种很危险的东西，我们总要在这茫茫时光之中寻找仪式与寄托，将每一份深情悉心收藏，妥帖安放。时日一去不返，更应用尽深情点缀生活。

陶园梦 1973，釉彩骨瓷餐具

彼木有心，用蕴藏森林气息的木头温暖生活

——刨木工房，『回』纸巾盒

因为厌倦了漂泊的生活，内心一直在寻找一份安定。2012年因缘巧合遇到了木头，一下就被深深地吸引了。2013年便决定放弃从事四年多的通信工作，从零开始学习木艺，并尝试自己设计木器。过程虽然艰难，却因为持续收获新的知识、新的朋友而高兴……刨木工房，一个小小的木头研究室，期待用那蕴藏森林气息的木头温暖更多人的生活。

——致读者的一封信

「“回”纸巾盒，还原木制盒子的原貌，盒子就是盒子的模样，有一种完整的美，纯粹且质朴。素雅的色调，朴质的线条，纹理天成，木息醇厚悠长温润，触感柔和温暖，沉静而美好。」

三毛说:“如果有来生,要做一棵树,站成永恒,没有悲欢的姿势。一半在尘土里安详,一半在风里飞扬,一半洒落阴凉,一半沐浴阳光。”

树是冷漠的,“见雨露不喜,睹霜雪不惊”,当斧头砍向它的时候自安天命、沉默不避。然而树又是如此温暖,在山林中汲取大地的养分,承接阳光雨露,静默滋长,将时光揉进自己的身体里化作一道道年轮。而后将自己的背脊融成一张床,好让你安稳入眠;将枝条弯成衣架,好悬挂你的一路征程;将树叶风干成书签,好让你记得流转的世事。树是沉默而温暖的,将自己饱经的风霜沉淀,与时光一起酿成一壶清冽的酒。

布置自己温馨的小家,木作家具绝对少不了,一两件木制小家具,恰到好处流露出木材的不喜不惊,眼见之处让人心生欢喜。质朴与大方,柔美而坚韧,木器是无可取代。选一个天朗气清的日子,怀着对时间的敬畏搜寻一件木制物件,既不张扬又不浮夸,越看越耐看才是木器的本真。

一件好的木器,可以抚平人的情绪,让人心情宁静。创木工房的“回”纸巾盒,某一天看见它的时候一眼便喜欢上了。极简的设计风格,安静而不出挑。因为简约,反而更耐看。没有过多的装饰,不抢眼、不张扬,不用的时候

独自静静地美丽。小小的物件如此轻、如此静，原木香气，在空气暗处涌动，微风轻拂，独享一隅静谧时光。

在材质上，选用的是经FSC[①]认证的硬枫木、樱桃木、黑胡桃木，这些木材来自于北美可持续管理的森林，谢绝使用乱砍滥伐的木材，是真正环保的选择。黑胡桃木，被誉为“木材中的贵族”，出材率低，颜色深且均匀，木纹迷人，易于加工，着油效果很好，稳定性极佳；硬枫木，木质细腻，纹理均匀，色泽淡雅，质轻而坚硬，有极高的抗摩擦、抗磨损强度，经久耐用；樱桃木，芯材为艳红色至棕色，颜色随岁月而变，纹理清晰、自然优美，密度比较高，木材特性稳定，是国内外普遍用于奢侈品上的木材。

木料虽贵，但匠心不减，在设计上摒弃不必要的功能和浮夸设计，以纯粹的、简洁不失优雅的造型示人，边角打磨精细，触感细腻，小小的圆角处理，使之更为素净、柔和，两块整板自然拼接，手工精工细磨，CNC[②]精铣制作工艺，再加上触感自然的木蜡油涂装，为岁月洗礼后的沉淀增添了魅力。“回”浑身透着一种完整的美，加上磁铁设计的底盘，使得取用更加方便，一丝不苟浑然天成。

不想做木工的工程人不是一个好设计师

做木器，想象中总该是一个老师傅，用一双灵巧的双手将自己数十年的经验细细琢磨，创木工房，却是一个名为阿黎的通信工程人的回归。故事开始于江西南康，这是一个“地接岭南，人安物阜”的好地方，也是我国中部的家具产业基地，这里多的是工厂与手艺人。回忆起当年南康的家具，年轻的阿黎只觉得“丑”，量化的生产、毫无美感的设计、滞后的理念……阿黎在偶然间接触了木器与家居，突然感觉到树木本身可以有更美丽的姿态。一边看着国外品牌更具艺术感的设计与制作，一边看着国内的树木被打造成丑陋粗俗的模样，强烈的对比让阿黎年轻的心充满了不甘。

[①]FSC：FSC（Forest Stewardship Council），是一个致力于推动全球社会责任的森林管理组织。

[②]CNC：CNC（Computer Numerical Control）是指用电子计数字化信号控制。

“做个手艺人吧，做一点温暖的设计！”

做什么好?一番苦思冥想后，想到了凳子。因为家里一般都需要凳子，餐桌有餐椅，书桌有配套的椅子，但仍然需要一些凳子以备不时之需，朋友过来了好搬几张给人家坐。而且凳子可以堆起来，节省空间，平时还能在上面放点东西。按照这个想法，阿黎做了几把凳子，改了三版，最后自己打样。

年轻气盛的豪言壮语，多半会在现实的冲击下灰溜溜地画上句号，然而总有人日复一日地击败残酷现实的进攻，守护自己的豪情壮志。从零开始学手艺、学设计，到志同道合的一群伙伴，从独自一人，到一群志同道合的木艺爱好者，从粗糙的凳子，到椅子、板凳、柜子、刀架、纸巾盒、收纳盒，一件又一件，一点又一点，大到家具，小到手机座，一个工程人最终变成一个木艺师。

暖木暖人：温暖木头背后的温暖人心

创业绝非易事，从通信业转业为木匠门外汉，慢慢转变到熟识木制品方方面面的木制专家。各种心酸，唯有己知。怕父母担心，怕朋友忧心，独自一人隐瞒艰辛的历程，咬牙苦撑默默研习。阿黎告诉爸妈自己在上班，实际上偷偷跑去了南康，租了个房子，开始在房子隔壁的厂里做一点东西，也没有拜师学艺，一个人默默思索、慢慢钻研。阿黎自己设计的第一个产品是一把凳子，完成之后他便开始了众筹，意外地受人喜爱，一共众筹了六十多把。

凭阿黎自己是不可能在规定时间内完成这个工作量的，可是又没有大厂愿意接单。眼看交货日期将近，只得硬着头皮自己建了一个小木工厂，全凭自己和招的一个老木匠师傅帮忙，两个人四只手，一件件做了起来。

喜欢阿黎手作的粉丝越来越多，这让他备受鼓舞，但创业之路却依然走得艰辛。2014年，阿黎因资金周转不灵，只能四处举债到借无可借，当时走投无路的阿黎抱着试一试的心态在自己的微博里发消息，向大众借钱。人心的温暖在此时给予了阿黎最大的支持与动力，在得知阿黎的困境后，那些素昧平生的网友们纷纷慷慨解囊。伸以援手的网友远远多于阿黎的想象，他们对阿黎的这番信任让阿黎顿时明白了什么叫作“无以为报”。

正是这一份温暖人心的力量，支持着阿黎一路前行。如今，创木工房搬了新的工作室，逐渐完善了团队，也建了一个线下的展示厅，能和更多人面对面沟通，让更多的手艺人、木文化热爱者都参与其中。

一点一点攒设备，借钱举债惨淡经营，从众筹到微博借款，万千人的温暖帮助让阿黎年轻的心义无反顾地一路向前。

回归天然，用木头温暖人们的生活

一棵树，那么多年默默地生长，该把它变成什么模样？

树的故事是沉默的，树的美是内敛的，不仅仅是家具，树木在这个世界上在每个人的生活里，可以胜任更多的角色。它们拥有独特的魅力与美感，正如数千年前我们祖先用它制衣，用它取火，用它做房子。我们离开了树木，搬到了钢筋混凝土的世界里迷失了自我。树就像一个沉默的指引者，让我们远离土地的身躯感受到了来自大地与时光亘古不变的温暖与依靠。而创木工坊想让更多的人了解树木，将树木回归这个时代，让这个时代的人们回归。

回归，不仅仅是天然。用心地生活，用心体悟生活的细节，在潜移默化间理解生活，理解到不为名利遮眼、不为虚名障目的天然之美。设计是为了还原生

创木工房／『回』纸巾盒

活，创木工房在不断成长的过程中，逐渐发现了回归的美感，将设计感与生活的美感相协调，通过克制的设计让产品回归本质。

正如“回”的设计初衷，纸巾盒即是纸巾盒，没有什么附加的其他，回归到最单纯的功能。树木在“回”里是纯粹的树木，自身天然的纹理与色泽被精心打磨，原本的躯干被完整地保留，比起其他纸巾盒偏大的体形，“回”刚刚好的大小，适当而不占据空间，温和适应每一个家居的空间。

志同道合，向世界分享木之本心

什么是创木工房？熟悉木材之脾性，研习治木之技艺，实践木作之乐趣，分享木器之魅力。创木工房不仅仅是一个制作贩售家具的店铺，更是一个以木为主题的群落，树木、木器、木艺、生活、天然。木之本心是什么？树木在数十年数百年的光阴里，将世间的风霜雨露汇聚成一道道无言的纹理，这都是木的心路历程，是木的本心。

追寻谜底的过程，也是不断前行的旅程，从设计到手艺，从售卖到思量，一个又一个志同道合的伙伴加入了创木工房的群落：独特的手艺人、独立的设计师、新颖的艺术家、环保主义者、极简主义者、植物学家……不同背景、不同职业的人们汇集在创木工房，对树木与艺术的共同热爱让他们成为前行路上的伙伴，一起将自己对木的理解与热爱，向这个世界一一传达。创木工坊，从最初到现在，直至未来，都不只是为了贩售家具，更多的是为了追寻一种生活的理想与永恒。

「打开微信扫一扫」

创木工房，『回』纸巾盒

铺就人生的地毯，此心安处是吾乡

——圣瓦伦丁·甲骨文地毯

在年轻人的世界里，多远都不远，多久都不久。种一棵树最好的时间是十年前，其次是现在。酒要一口一口喝，路要一步一步走。大地的地毯由四季铺就，承托着我们的双脚，四处经历，恣意旅行。人生的地毯由岁月铺就，渲染着我们生命的底色，这笔轻描淡写，那笔浓墨重彩。圣瓦伦丁是一个年轻又瑰丽的梦，需要这岁月，这经历，这坚持去慢慢丰满血肉，逐步壮大灵魂。

——致读者的一封信

一年之计在于春。春以绿意织就地毯，秋以落叶铺就地毯。风吹一片叶，万物已惊秋。一到秋季，风吹下漫天的黄叶，飘落在地，像极了金黄的地毯。稻场上飘来浓烟，农人们将落叶、杂草扫在一起，混上泥土，烧成了一堆堆火粪。到了冬天，万物被白雪覆盖。天地都消融在这片寂静里。

四季轮回，寒暑交替，大地被一次次铺上地毯，换上新装。脚下风景变幻，心境也由浓烈转向淡然，由复杂走向简单。自然早早就学会编织地毯，而人从中得到启示之后，也开始编织起自己的地毯。地毯便一路随着时代的演进，一直至今。地毯就像一个家的围巾，也许它算不上是必需品，但却能让主人家添色良多。

借一点古意，铺一路厚重

中国编织地毯已有两千多年的历史。敦煌石窟的壁画上，就描绘了许多古代地毯的模样。古代地毯被称为“壁”，或者“地衣”，从古籍文献、绘画，以及今人的考古发掘中，都能够一窥其真迹。华夏文明斑斓璀璨，似大海，似长河。圣瓦伦丁立足在这片源远流长的土地上，汲取一点古意，并从大自然中获得原料，精心编织一条地毯，配上新中式家具，气势之独特，叫人过眼难忘。而其中的甲骨文地毯，正是一个绝佳的代表。

选择甲骨文，是因为创始人白博对甲骨文对称、稳定的格局情有独钟。他不是文字研究方面的专家，却深深地被甲骨文那种古老的魅力所吸引。当甲骨文被拆解，拼合，做成简洁雅致的图形，与原色羊毛融为一体的时候，这条地毯似是浸润在千年的历史里，带着沉静的力量，带着文墨的气息，历久弥新。裸足在这地毯上行走，像是踩在松软干燥的土地上，绿意亲吻着脚趾，风游走在脚踝边，温柔的沙沙之声从心底响起。

圣瓦伦丁偏爱用羊毛织就地毯，因它手感柔和、质地厚实，因它容易留住热量、吸附噪音。甲骨文地毯成了一个难得的契机，一点古意便能激发出一连串的灵思和创想，圣瓦伦丁计划着以此为开端，去挖掘和丰富象形文字这个宏大的主题。这一系列的地毯会在天然色羊毛的基础上，用几种独具代表的颜色去研配出更多的色彩，以最原始的造字方

法去碰撞出更多的花纹和图案灵感。

忆苦思甜不是老年人的专属，一颗颗年轻的心亦爱追忆。他们也会在嗅到兽骨、陶器、石器的气息之时惊奇，感动，为之神往不已，任凭思绪在汹涌浩瀚的历史长河中翻腾，沉浮。我们年轻的人儿们，既喜欢现代化简约明了的节奏，也爱慕古韵幽香的生活，踏着一块甲骨文地毯，脚心传来恒定的温暖，心里便被种上了一颗怀旧的种子，萌芽、滋长，生成参天大树。

多远都不远，多久都不久

圣瓦伦丁，是情人节的另一种称呼。白博很喜欢这个名字，浪漫，应

景，又朗朗上口。那时候的白博，刚刚开启自己的事业不久，多年走来，他已长成一棵树，枝繁叶茂，牢牢扎根在生活的洪流里，关心未来，亦关心身边的风景。在年轻一点的时候，他心里却住着一朵云，一缕风，向往自由，向往恬然旷达的天地。

总有人说白博是个厂二代。听到这三个字，他皱了皱眉。从爷爷那一辈起，家里便开始经营工厂，主营地毯。到了父亲的年代，工厂越做越大，白博的生活里便处处少不了地毯的痕迹。父亲瞧着调皮捣蛋的小儿子长成了懵懵懂懂的少年，便安排他去美国念了大学。在父亲的计划里，白博在美国念到了硕士和博士，就该回来接管家里的工厂。

白博打心底里不喜欢厂二代的称呼，这三个字定义不了他，更无法框限住他的灵魂。年轻的他只想逃离一成不变的生活，在那时候，他还没有意识到，自己这一生都会与地毯结下缘分。当初去美国上大学，他便自作主张选了心理学这个专业，单纯觉得酷，好玩。虽然专业是自己选择的，但白博发现自己仍旧照着父亲规划好的路线在走着。内心的声音告诉他，这不是他该走的路，于是他便回了国。回国后，白博在家里待了三天，而父亲只留给他一个背影，冷冰冰地对他说，家里已没有你的地方，你自己出去，想干什么干什么。

父亲的话像一根刺，扎入心里，白博咬着牙，拎着行李，冲出家门。此后两年多的时间里，他和父亲之间只剩下沉默。

他加入了北漂一族，从最底层做起。这一时期，最要紧的是填饱肚子，养活自己。白博在超市打过工，做过保险行业，做过销售，在小国企里面上过班，跑过市场。印象最深的是拥挤的街头，深夜的地铁，一路奔波一路坎坷的酷暑和寒冬。身体的疲倦加上精神的压力，让白博一度陷入自怨自艾的低迷情绪，走不出来。生活是战场，残酷却又要马不停蹄。白博想，既然是这样，不如拼一场。绝境逢生之人，才懂得那股勇气。

白博没有多少积蓄，能够用上的只有之前累积下的一些人脉。他思虑再三，决定以淘宝作为起点，开始自己的创业。2012年，他在淘宝上做起了地毯的生意。父亲一个朋友的儿子是他的好哥们，愿意帮他一把，他们便展开了合作。哥们向他提供自家工厂生产的地毯，白博作为经销商在淘宝上进行售卖。如此合作了半年，已慢慢扎稳脚跟的白博决定延扩生意的渠道，去做进口。慢慢地，这条路越走越踏实。

白博很重视感觉。在做进口地毯这条路上，他听从内心的声音，看到了心仪的地毯，他会迫不及待地告诉自己，一定要将它带回家。时间久了，慢慢有了经验，他开始更关心地毯的材质。好的地毯不该是时装，使用周期短，一旦过季便失去了价值。地毯不该是这样，它得耐用，符合一个家的期待。

在路走得越来越顺之后，白博开始计划着做自己原创的地毯，尤其是在一段不太愉快的旅程之后。当时，他带着团队去德国法兰克福，参加一个布料展。白博抱着学习的心态前往，最后却叫人轰了出来。有人告诉他们，中国人被视为抄袭和模仿的“先驱”，这几乎成了刻板印象。他们之所以被歧视，原因正在于此。这让白博震惊，又夹杂着一些愤怒和难过。想做原创设计的心却更炽热了。他想着，如果能够将中国的元素与设计完美地融合在一起，属于圣瓦伦丁的新中式地毯定将崛起。白博左思右想，和团队成员们再三讨论、实践了无数次，才有了甲骨文地毯，才有了象形文字系列。

圣瓦伦丁按着既定的节奏，慢慢变成了白博预想中的样子。但他总会想起年轻时候的那段窘迫的日子。曾经，他愤愤不平。如今，却感恩无比。看到有些正深陷在泥潭之中的年轻人时，白博就特别有感触，他很想对所有的年轻人说，多远都不远，多久都不久。种一棵树最好的时间是十年前，其次是现在。不要急，慢慢来。好好感受年轻时候的风和天空，当你走出来的时候，只会感到一片天高海阔。

铺就人生的地毯，此心安处是吾乡

当你走过光阴轮换的四季，可有曾关注脚下的色彩？春日绿意葱茏，夏日光影斑驳，秋日落叶金黄，冬日白雪如歌。不曾听风的哭嚎，不经历雨的洗礼，不足以谈人生。不曾关注路上的风景，不曾将一朵花的颜色铭记在心，便算不上好的旅行。幼青壮老譬如人生四季，命运纵使变化多端，喜怒无常，亦抵不过一颗淡然的心。耐心、敬意、加一点热情，足以织就人生的地毯。将它铺在脚下，浓烈这岁月，捋顺这路程，此心安处是吾乡。

圣瓦伦丁，甲骨文地毯

酣甜一梦，却忘人间事，似得枕上仙

——枕工坊，月亮形孕妇枕

人生最难的是“尽日一餐茶两碗，一觉闲眠百病销”。讲究吃穿，讲究好梦酣眠，讲究着讲究着，人就过了这一生。你曾是父母生命的延续，无论飞多远，身上始终系着那条线，牵挂着牵挂着，你成了父母。一觉好眠，足以让疲累的身体安歇，让躁动的灵魂安静。所以说，事关睡眠无小事。枕头是连接黑白世界的牵挂。枕工坊关心每一个新手妈妈，因每一个新生命的到来而感动不已。

——致读者的一封信

枕工坊，月亮形孕妇枕

古人讲究“日出而作日入而息”，事关睡眠，皆无小事。古人的睡眠质量让今人羡慕，失眠的人在无数个夜里翻来滚去，心里盘旋着无数琐事，沉默、焦躁、忐忑。“草堂春睡足，窗外日迟迟”成了可望而不可即的奢求。

肚子里若有了宝宝，睡眠更成了一件天大的事。孕妈们总睡不好觉，躺在床上，浑身酸疼，缚手缚脚，比站着还累。听母亲说过，她怀着姐姐的时候总也睡不好，夜里总偷偷地抹眼泪。外婆来看母亲，为她的憔悴、消瘦而揪心。外婆唉声叹气，就着昏黄的灯光，坐在脚踩缝纫机前，“咔嗒咔嗒”直忙到深夜。她忙活了好几天，熬坏了眼睛，才赶制出一个特殊的小枕头，吩咐母亲垫在腰下，好侧着睡。小枕头鼓囊囊，里面塞着棉花和决明子，闻起来一股清香。

这枕头伴着母亲度过了艰难的时期，还成了姐姐童年里最喜欢的玩具。直到后来，姐姐觅得良婿，肚子里也有了宝宝，整天念叨着睡不安稳，想念外婆送给她的小枕头。母亲急着要找出仓库里的老式缝纫机，一个朋友听闻后向我说起了孕妇枕。原来，孕妈们要保证充足的睡眠，需要专门的睡枕。按着孕妇枕的关键词，我寻着了枕工坊，和主人聊了许久，收获良多。在主人的建议下，特意为姐姐选了一款造型独特的月亮枕。

月亮枕让姐姐终于睡了个好觉。母亲端着汤碗，站在一边，脸上的表情欣喜夹杂着忧伤。我知道，她是想外婆了。桃花开了又落，幼儿长大，父母年迈，岁月无情催人老。每个人都曾为人子女，之后又大多会为人父母。初为人女时，不知母辛苦；待为人母时，方才识母辛。一代代的轮回里，变的是时间，不变的是对母亲怀里温度的牵挂。

拥着月亮枕，梦回儿时故乡

好睡眠离不开好枕头。枕头虽平常，却与我们有着难以割舍的亲密关系。它是一种入眠用具，源远流长。古有医书记载："一昔不卧，百日不复。"古人常常作诗称赞酣甜一梦的妙趣，现代人却深受睡眠问题的困扰。因着对睡眠的重视，对枕头的挑选越发严格。对于孕妇这一群体来说，睡眠更是一件大事，更需要用心对待。孕妈们大多嗜睡，却大多睡不好，睡不够，睡不着。这往往让家人们揪心。

月亮枕的外形似是大大的，弯弯的月牙，贴近孕妈们隆起的肚子的弧度。附带的小圆枕，可用来垫在腰后，固定睡姿。枕工坊的主人告诉我，孕妇们的睡姿其实大有讲究。仰卧或者俯卧，都会使得胎盘受到挤压，而保持左侧睡却有利于胎儿的健康和分娩。月亮枕的独特造型，正是为了这正确的睡姿而设。

姐姐从小睡觉便不太老实，有了宝宝后，睡眠更成了难题。睡前，母亲拿来月亮枕，放在姐姐身旁，小心翼翼地帮助她调整着睡姿。姐姐抱紧了月亮枕，将脸埋在那馨香里，笑着说，这布料舒服，像外婆做的小枕头。其实，外婆做的小枕头用的是老棉布，摸上去有些微微的粗糙感，远远不如月亮枕绵软舒适的质感。但姐姐还是坚持认为，月亮枕像极了外婆做的小枕头。将脸埋在月亮枕里，就像埋在外婆的臂弯里，温暖而贴心。

如今，老去的母亲像极了外婆。我们亦在流年里成长、成熟，不再年轻。生命在不断地回旋往复，对彼此的爱与牵挂却是贯穿始终的主题。

以柔韧之肩，扛起沉甸甸的梦想

孕妇枕的创始人王小燕，亦是枕工坊的主人。这么多年，她就像一只匆匆忙忙、来去如风的燕子，长久地穿梭在艰辛而又不乏温情的事业旅途中。实际上，这份沉甸甸的事业，来自于一个偶然。当初，她也没有想到，自己能够走得这么远。

小燕以前做过平面设计，做过策划师，她习惯了朝九晚五的生活和按部就班的人生，未来几乎一眼就能望得到头。直到有一天，她脑海里升腾起一个不一样的念头。这念头大刀阔斧，几乎改变了她的一生，而这完全来自一个机缘巧合。

那时候，小燕的好朋友怀孕之后便在家休养，好多闺蜜们带着礼物去看她。好朋友眼下泛着青影，不时打着呵欠，精神状态看起来很不对劲。大家疑惑，问她是不是太累了。好朋友却摇摇头，说自己就是睡不安稳。医生建议她保持左侧睡，后背垫上东西，前面肚子再垫个枕头，帮助固定姿势。她睡着睡着，枕头时不时就跑到一边，肚子一旦没了支撑，她便会乍然惊醒。如此反复数次，她的睡眠质量大受影响。睡眠成了一件令人头疼的问题，好朋友的精神状态也越来越差，眼下青影越来越重。

小燕心疼好友，皱着眉头问，难道就没有孕妇专用的枕头吗?为何睡觉还要如此费劲?好友愣了一下，说她还从没有见过类似的枕头，也从没见身边的人提起过。一石激起千层浪，她们商量了半天，越说越激动，好友们极力“怂恿”，让小燕去试一下。最后，小燕下定了决心，她要去尝试着做一下。这一试，便试出了一个完全不同的人生。

小燕毕业于美术学院，在大学里的时候上过一些与手工息息相关的课程，她喜欢针织，对美有着不俗的见地。她做过手工挂毯、丝网印的围巾及一些扎染的布，这为她做孕妇枕打下了基础。姐姐会一点裁缝，亦被她拉来充作了得力的助手。她花了很多时间去研究孕妇枕的外形和材质。胸有成竹之后，小燕在市场上买来各种零碎的材料，动手做了一个简单的枕头。

这是她的第一个孕妇枕，亦是她事业的起点。从刚开始打板到做样，前前后后折腾了七八次，才算是有模有样。在朋友们的帮助下，小燕采集了大量数据，风风火火地踏上了这段奋斗的旅程，那时是2005年。

在最初的时候，小燕完全没有意识到孕妇枕对于自己的人生有多重要，只觉得这是个有意义的事，既然开始了，就要坚持做下去。每一天，她处理好手头的工作，便会全身心地投入到孕妇枕的事业中去。如此忙了一段时间，小燕慢慢感到吃不消。她走到了人生的交叉口，需要她做一个取舍。原地不动，便可保持安稳的生活。前进一步，即将迎来的是未知的旅途。

尽管身边的人都极力反对，小燕还是选了后者。她选择了这条陌生的路，一步一步，踏实、坚定地走了下去。她辞了职，创建枕工坊，拿出所有的积蓄一股脑地砸了进去。这是第一年，前行的路无比艰难，危险伺机而动，随时都可吞没这份勇气和决心。小燕把自己所有的积蓄都放到了枕工坊上，但由于缺乏市场运作经验，公司一直处于亏损状态。

第二年继续咬紧牙，改进了运营策略。那一年，有朋友找枕工坊一次性订了五个枕头，这让小燕备受鼓舞。即便路走得艰难，小燕都未曾对产品有所放松。从高层次研发团队的建设，到一级优质材料的筛选，再到产品的定型都须经过不同体型孕妇去试验……每一步都不容易，但每一步都走得脚踏实地。

2010年，央视的《创新无限》栏目找到了枕工坊，邀请枕工坊来做一期孕妇枕的专题，小燕欣然同意了。这个机会一下就提升了枕工坊在全国各地的认知度，小燕开始庆幸当初的坚持。

小燕以柔韧之肩，扛起了一整个枕工坊。那些年，她关心着孕妈们的睡眠，自己却常常忙到深夜。每逢回首来时之路，小燕会后怕，会惊慌，会庆幸，就是不曾后悔。十三年走来，枕工坊已经拥有了30余项的专利，也受到了越来越多的认可，帮助到了更多的孕妈。这些，都让小燕备感欣慰。每个人都曾站在命运风起云涌的交叉口，不是谁都敢于放弃现有的一切，勇敢地迈入未知的旅途。小燕是个踏实的人，靠着这份踏实、这份果断、这份自信，她硬是将险途走成了平地。

酣甜一梦，却忘人间事，似得枕上仙

每一个人都逃不过老去的年华，却始终记得曾鲜衣怒马的意气风发。还有那游子的故乡，故乡里老去的爹娘。枕工坊带着古旧的气息，让人心安。月亮枕是父亲娓娓道来的睡前故事，是母亲低声哼唱的摇篮曲，是他们舒适的臂弯，是他们身上温馨的味道。它在无数的家庭里，经历无数的故事，托起无数的睡眠，温暖无数的深夜。它安慰着母亲的灵魂，它迎接着新的生命来临。所谓酣甜一梦，却忘人间事，似得枕上仙。而这，便是枕工坊主人的心愿。

「打开淘宝app扫一扫」

枕工坊，月亮形孕妇枕

围桌不夜话，但饮一杯下午茶

——造作，甜点边桌

在造作，我们人尽其心，在此后，你们物尽其用。

这个世界，有许多人为阶级而创造，有许多人为风潮而创造，而我们只想集结所有力量，为真实的人而创造。

造作，在古汉语里是“人的造物”，与“自然天成”相对立，我们相信“人是世间最美的事物”，人所能创造的爱和感情，我们在世界留下的一切器物，都是文明的偶然，这偶然极其珍贵又转瞬即逝。

因这一切造作，转瞬即逝的时光，与触摸一件实物的永恒，皆因这珍贵的人间。

你是人间，而我们为你设计。

——致读者的一封信

休息日下午，从一片宁静馨香中醒来之时，窗前白纱刚好笼住了一片温煦的阳光。脚踝边暖融融的，豆豆紧贴着我的小腿肚，喉咙里呼噜呼噜，正沉溺在甜蜜的梦乡。高弹海绵甜点坐垫散落在周围的地板上，中间则立着一方小巧圆润的马卡龙色甜点边桌。桌面光泽晶润，摆着一碟生巧克力，一块胖嘟嘟的小蛋糕，还有一壶清香袅袅的花茶。

满足地伸了个懒腰，抿一口花茶，尝一小块抹茶生巧克力。窗外天朗气清，阳光正好。甜点边桌曾伴我度过无数个平淡的午后，也曾与朋友围坐在甜点边桌旁，在莱昂纳德·科恩喑哑温暖的歌声里，闲闲淡淡地谈起二三事。

说起来，当初为寻心仪的甜点边桌，当真花费了好一番工夫。

它的美，一遇倾心，方不辜负

第一次见到这方甜点边桌的时候，便眼前一亮。它立在那里，像个安静的沉默美人。端庄典雅，落落大方。与它相处久了，才知道它亦可飞扬轻盈，亦可灵动自由。小小一方甜点边桌，将每一个含酸带涩的日子都点缀得熠熠生辉，让每一个平凡普通的瞬间变得浪漫甜美。

我尤爱那一物三用的可拆卸设计，线条通透的边几、高弹海绵甜点坐垫，再加上形态简约的置物架，既美得高级，丝毫不拖泥带水，又美得务实，不露痕迹地接地气。甜点边桌亭亭玉立，挑起的是一种精致婉约的氛围。它好看又好用，摆在哪儿，都是赏心悦目的风景。取出桌边置物台上的坐垫，散落在旁，边桌便可自由变换成2至3人围桌对坐的休闲地台。

对甜点边桌的热爱来源于小时候的记忆。外婆的院子里有一方小巧的圆桌，就立在香樟树下。夏日里天光漫长，闲来无事的时候，外公和外婆习惯围坐在圆桌旁纳凉。外婆沏了浓浓一壶茶，木果盘里有时盛着西瓜，有时盛着花生和水果糖。头顶上是簇簇浓荫，有微微的风贴着地面悄悄拂过。他们坐在冰凉的石凳子上，喝茶，吃瓜，闲话家常。直坐到黄昏，连阳光都冷了下来。

这是记忆里最温馨的一幕，想到的时候便会鼻尖一酸。想要在充斥着钢筋混凝土的城市里寻到一方温馨的小院，是多么艰难的事情。于是便将目光盯上了茶几和边桌。一心只想重温过往那些安静的时光。寻寻

觅觅，好一番工夫，才遇上了这方甜点边桌。实际上它与记忆里的小巧圆桌不甚相似，可是第一眼看到的时候，便生起一种似曾相识的感觉。很快，便将造作旗下的这款甜点边桌搬回了家。

有一段时间，喜欢淘些造型别致的杯杯碟碟，后来又喜欢上了甜品烘焙。于是，收藏的这些宝贝便有了用武之地。每一件盛满甜点、咖啡与奶茶的餐具杯碟与甜点边桌都能自然融合、相互映衬，空气里芳香四溢，那是幸福时光的写照。于是每一个或阴或晴的周末下午，只要不加班不外出，就都会围坐在这方甜点边桌前，“撸狗”、看电影、听喜欢的音乐。有时候与朋友谈天说地。有时候又安安静静，或者甜梦酣睡，或者在心里饶有趣味地数着更漏与辰光。

后来才知道，原来这款让我一遇倾心、心仪不已的甜点边桌出自西班牙设计工作室伊玛·贝穆德斯工作室（Studio Inma Bermúdez）。这间设计工作室由一对幸福夫妻共同经营。伊玛·贝穆德斯（Inma Bermúdez）毕业于瓦伦西亚埃雷拉红衣主教大学工业设计专业，负责产

品的外观设计，包括比例的把握、色彩的调配及不同材料的融合。2007年，伊玛于西班牙瓦伦西亚创建了伊玛·贝穆德斯工作室。之后，她结识了毕业于著名的魏玛包豪斯大学建筑专业的莫里茨·克雷弗特（Moritz Krefter）。2009年，后者加入了伊玛·贝穆德斯设计工作室。

伊玛和莫里茨成了最默契的工作搭档，不久便结成了恩爱夫妻，在漫长的岁月中一路携手前行。认真体会甜点边桌的设计理念，便可以清晰地感受到伊玛和莫里茨对于幸福生活的那种深刻理解，对于家这一概念里丝丝缕缕的阐述与剖析。伊玛和莫里茨的灵感来自于地中海式的那种自如浪漫、甜蜜闲适的生活，而他们对于围绕在人们周围的平凡物件十分着迷，这亦形成了他们独特的态度。

知晓这些的时候，突然就顿悟了当初那种奇异的感觉。原来，萦绕在甜点边桌旁的那种让人心安的感觉，与心里那股对家的眷恋不谋而合，所以才让我一遇倾心。闹不清围坐在甜点边桌旁的自己，嗅到的究竟是瓦伦西亚阳光的味道，还是儿时喜爱的水果硬糖味道。只记得细碎的时光变得绵长。

将甜点边桌的来龙去脉了解得差不多之后，不由对造作这个品牌越发好奇了起来。

美是无界而宽和，质是标准与严苛

创始人舒为从来都是一个有魄力的人。用她自己的话来说就是，创业者是真正扛过生死的人。

2001年一毕业，舒为就创立了自己的广告公司。2007年前往斯坦福攻读MBA，毕业后回国，接管了人人网新项目——经纬网，这大概是她生涯中唯一一次的打工。2011年，舒为毅然离开了人人网，再次扛起了生死。2012年，她创立了全球社交软件Civo。然而当时Civo的到来对于时代来说还太早，2013年，舒为决心关停了Civo。

虽然舒为在账面上输了这一局，但她仍然把Civo称为“一个重返青春的时代”，其中爱意可见一斑。Civo关闭之后，舒为和她的团队过上了一段流浪办公的日子，这段日子持续了半年。

但敢扛起生死的人，哪怕是到了世界末日，都敢徒手造一艘自己的诺亚方舟。

终于，12年设计经验，5年产品经验，7年营销经验，2年投资并购经验，奋斗了15年，她将身上的“枝枝蔓蔓”凝萃成了两个字，造作。这一次，她义无反顾地选择了自己想要的生活。

在如今成熟样子的先前，舒为在别人眼里一直是个品学兼优的好姑娘，但她骨子里却有好多奢望。想爱，想吃，想在一瞬间变成天上忽明

忽暗的云。她爱爆裂的摇滚，爱泡吧，还曾染过一头的金发。她爱大汗淋漓的感觉，所以经常去踢足球。她爱哲学家黑格尔，所以想成为仰望星空的人。她爱米兰·昆德拉，所以想生活在别处。

最最重要的，她爱自由。所以她说："距离制度越近，就越想着离它远一点。"

造作成立之前的那一段杂乱无章的日子里，舒为也出现了迷茫。当时，她买了一张公交卡，每天乘公交车从东四环坐到西五环外。灰头灰脸地混迹在人群里，面上没有表情。舒为说，她想成为他人。她曾有一万种可能成为他人，临了，却都还是选择了自己。这一次，也不例外。

为什么称为造作？造作又意味着什么？造作只为不再粗鄙地活。造作新生活是不将就，不妥协；是喷薄而出的生命力，是一往无前的创造力；是无界而宽和的美，是标准与严苛的质。如今，它已成为中国创意家居品牌中最亮眼的存在。其现代化的设计理念彰显的是崭新的生活方式，追求简洁后的余韵，追求精细中的婉约。

2014年12月，造作与意大利顶级设计师卢卡·尼其托（Luca Nichetto）和瑞典的顶级设计师麦克思·格塞（Max Gerthel）成功签约。2015年4月，造作官网开始试运营。旗下技术团队全体成员已48小时无眠无休，上线之时，大家齐心协力的吼声穿透了窗外的雾霾。造作签约设计师已达82位，在设计权威杂志《Wallpaper*》评选出的百强设计师中，有六位都已与造作成功签约。

造作的每一位设计师都有着对于波澜生活、复杂人生的独特理解，深刻而隽永。他们的设计在无限契合生活需求的同时，又漫溢着各种巧思妙想，令人拍案称绝。"每一次的大步向前，都是为了把更真诚的设计推向更真实的人间。"这是造作的宣言。为什么永远怀有激情？因为要活着。因为要活在这颠沛流离的世事里，在最危险的时候永远能够毫无后顾之忧地选择自己；在进退维谷的时候永远能够干脆清爽地选择想要的生活。舒为如是说。

造作，点滴时光里的温暖气息

清丽婉转的女声低低唱道，来啊，造作啊，反正有大把时光。唱至尾音之时，多了一丝丝的清冷与慵懒。如果说，歌里唱的是肆意佯装，因通透而心生不羁，因了然而故作豪爽，终究是逃不过那“流光容易把人抛，红了樱桃绿了芭蕉”的黯淡收梢。舒为取“造作”二字，作为品牌之名，必然不是这样的思路。

造作，一方面揉挪了舒为对于人生的叛逆态度，永不服输的拼搏劲头；一方面揭露了她对于真实、对于品质、对于纯粹的美的捍卫与追求。

每个人有每个人的解释。我喜欢造作，并对它一见倾心。马卡龙色甜点边桌所营造的世界里，流转着的是温暖的气息。倾洒在甜点边桌平滑桌面上的，是带着海风味道的阳光。围桌不夜话，但饮一杯下午茶。生活之所以美丽，在于彼此间的惺惺相惜。而造作，正是对平凡生活里的美的一种执拗珍惜。

四时晨昏交替都不顾，
只愿躺到地老天荒

——网易严选，靠背懒人沙发

家，就是应该用来好好休息的，
与懒人沙发相拥。
无论是坐、躺或是卧、趴，都随心随性，
在时间流逝里静静倾听内心。

——致读者的一封信

总会遇到这样类似的傍晚，几个好友不请自来，拎着蔬菜和瓜果，好肉与啤酒，活土匪般一拥而入，搬桌子的搬桌子，摆盘子的摆盘子，很快便煮起热气腾腾的火锅，香气四溢。风卷残云，酒足饭饱之后，大伙儿捧着肚皮争前恐后地抢起了唯一的“风水宝座”——肉嘟嘟、软蓬蓬的懒人沙发。女汉子朋友一个健步，率先扑入了那一大团松软之中，得意洋洋地伸了个懒腰。阳台上一大丛夜来香徐徐吐芳，开得正艳。大家围坐在一起，喝着啤酒，谈着往事，赖在懒人沙发里的人半步不移，甘愿被众人笑着调侃。

家里那只懒人沙发总是容易被来做客的朋友盯上，它那温暖贴心的怀抱实在叫人无招架之力。三三两两的好友，总愿意窝在慵懒的时光里，天南地北地侃大山，吹牛皮，乱聊一气；也曾掏心掏肺，相互吐露些零零碎碎的、祥林嫂式的人生烦恼。有时候，我们嬉笑怒骂，酣畅淋漓；有时候，我们什么也不说，只举杯相碰，静静聆听那梦碎的声音。

岁月清欢，人生惆怅，有朋友有诗有酒，还有一只能躺到地老天荒

的懒人沙发，真是妙哉。

终有一个怀抱，容纳所有的疲惫与不堪

我们走了太远以至于忘了为什么而出发。生活，本身就不是一件容易的事。年轻人颠沛流离在心的旅途中，过去驻足不去，未来迟迟不来，注定要迷失自己。每一次搬到陌生的城市，不能舍弃的除了书、朋友们倾心相送的各种暖心小物外，还有那只懒人沙发。累的时候，总会趴伏在那团松软里，将脸埋进点点滴滴的过往时光中，寻找微微的心安。

这时候，总有一个温厚的声音在心里响起，一生还很长，慢慢来，不要急。

身边有太多狂奔的年轻人，日日被生活耳提面命，不要停，不要慢，不要懒。陌生的城市里，几乎遇不到一个叛逆的同类，愿意在落雨的日子里，停下来，闻闻泥土的芬芳。懒人沙发却始终笃定着一套哲理，慢慢来，不要急。

果然，再难的生活也能渐渐地安定。时间在默默积力，有新的朋友慢慢拥过来，那只懒人沙发亦多了新的狂热追随者。

很是理解大家对于这只懒人沙发的热爱。无论是一个人的时光还是一群人的狂欢，都缺少不了懒人沙发的温柔相伴。一个人的时候，坐着，躺着，趴着，卧着，随心所欲地放松着筋骨，要不发着呆，要不甜梦一场，将脑海里的繁杂琐事通通遗忘。一群人的时候，懒人沙发成了大家相互抢夺的对象，嬉嬉闹闹、争争吵吵中，友谊的诚挚与默契反倒体现得一览无遗。

懒人沙发的怀抱，是最令人心安的存在。它"长"得像倭瓜，有着软萌、绵糯的质感。论外形，它饱满圆润，细小粒子均匀充实着它的"

网易严选，靠背懒人沙发

内心”。论品质，它不惧对比，外层和内胆采用的都是高弹性材质，细细磨搓之下，一手的细腻光滑，触感温良柔软。它还有完美的回弹力，自由变形的粒子和特殊材质使得人的身体有了最忠实、最舒适的依托。

与懒人沙发相处的时光里，不用顾虑姿势，不必在意形象，只需沉浸在这温馨的时光里，全身心地释放身体和灵魂。放心将背脊的压力和全身的重量交付给它，放心将无数烦恼的思绪一股脑交付给它。而倭瓜似的懒人沙发，会将你的一切全盘照收。它纵容那股慵懒，它接纳所有的情绪，因为这才是最真实的你自己。

因着对这个老伙伴的珍爱，在养护上便格外用心。每隔一段时间，便会细心地拆卸下它的外套，泡在温水里轻柔洗涤，之后用熨斗将褶皱

之处一一熨烫平整。对待它的内胆，则更要温柔耐心。内胆的填充物是进口的发泡粒子，水洗和暴晒会损伤它的品质。只需取出轻轻拍打，便可去除其灰尘与杂质。

懒人沙发的怀抱总能令人想起不那么匆忙的过往。还记得外婆曾

将我抱在躺椅上，轻轻摇着蒲扇，天上繁星似锦，她身上有淡淡的肥皂清香。还记得曾与儿时好友争着去抱一只大大的玩具熊，不管不顾地将脸埋在那团松软里，耳边是好友叽叽喳喳的抱怨，心里却装满了欢喜与温暖。

光阴如梭，那些单纯的日子早已被尘封，被遗忘。有懒人沙发的陪伴，才学会停下来，不紧不慢地捡拾过往的时光。

这只懒人沙发是网易严选的亲生子，我是这个品牌的忠实拥趸。网易严选并未走过很长的路，旗下产品的品质却令人着迷。

好的生活，没那么贵

网易严选，由网易CEO丁磊一手打造。丁磊，人送外号“三石哥”。锵锵三人行有一期请的嘉宾是写《大败局》的财经作家吴晓波，他说他见过的顶级富豪中，几乎没有一个是快乐的。主持人窦文涛追着问道，没有一个?对方顿了一下，慢悠悠地说，哦，有一个，丁磊。

丁磊表示，快乐很重要，挣钱是顺便的事。他的人生态度奠定了严选的基调。快乐，品质，工匠精神，没那么贵。

早在八年前，丁磊便是互联网圈内赫赫有名的大佬，然而一夜之间，三石哥要养猪的消息传遍了天下。互联网大佬突然进军畜牧业，这的确不是个玩笑，三石哥正色道，这是件严肃的事。网易员工从此自称猪场员工。而后丁磊还在乌镇互联网峰会上邀请互联网界的泰山北斗们吃起了自家的猪肉。在网上热传的那张饭局合照中，他离得最远，却笑得最腼腆、最开心。

有人说，丁磊这是在用养猪的劲头做严选。他养猪很认真，做严选更认真。连他自己的生活用品，大部分都是在网易严选上采购。买过、用过、体验过的人，便会对严选的品质了然于心，也会被丁磊的实干精神所感动。他是个声名远扬、功成名就的亿万富翁，而他对于细节的那种较真态度，对于品质好物的那种执着追求，体现在严选旗下的任何一款产品中。

严选的那句slogan“好的生活，没那么贵”让人印象十分深刻。在那些或精致热闹或平凡温馨的家居生活中，从荞麦枕头到蚕丝被，处处都有严选的痕迹。严选，是一种偏执的生活态度，这种偏执，永远体现在细节之中。

懒，是为了听一听来自心底的声音

这个世界的物欲横流、光怪陆离不可避免，现如今，讲究情怀的人不多，凝聚情怀的好物不多。社会节奏太快，既然不愿意向贪欲妥协，又过不了道骨仙风的生活，不妨试着沉浸在丝丝缕缕的温暖氛围里，半靠

在软糯糯的懒人沙发上，与三五好友对酒当歌，人生几何。不妨就躺在所有轻飘飘的回忆上，随着日历一页页翻过，一边享受平淡、充实、幸福的时光，一边静默地成长。

网易严选所描述的精品生活严丝合缝地契合了很多人的追求。当生活中的平凡小物都变得精致、完美起来的时候，就更要去享受、去珍惜每一个难得的午夜与晨曦，每一段与朋友相处的时光。若那只懒人沙发都开始饱含深情，哪怕是一个人发呆的日子，亦没有理由辜负。在这个物欲横流的世界里，停下，是一种奢侈，懒，则是一种态度。我愿意停下脚步，窝在那团松软里，去认真听一听来自心底的声音。

『纳』一种生活，原本是一首朴素又热烈的诗

——索菲亚，推拉式收纳窄柜

“房奴”时代，房子或许已成为你毕生的追求。然而，倾尽所有，换来的奢侈空间，却不懂得好好住？

小酌、吃饭、品茶、阅读、听风、观云……家的模样，决定你生活的模样。

“懂空间，会生活”，让比你更专业的人，来帮你筑爱家。一步步打造实用舒心、兼具审美功能的理想家宅，你便拥有了惬意自在的理想生活。

——致读者的一封信

在青春期的关口，母亲说，人生原是一场场目送，你会跨过山和大海，你迟早会拥有自己的家和生活。你是什么样子，家就是什么样子。母亲是个爱整洁的人，多年过去，连皱纹都整洁，一丝不苟。她喜欢收纳时的感觉，将琐屑的生活安放在一个个小抽屉里，耐心收集每一个平凡日子里的细碎的美和感动。

母亲撑起的家，带着阳光的香味。还记得年幼的时候喜欢偷偷钻入家里的衣柜，淡淡的茉莉花香隔着层层叠叠的岁月一齐涌现。后来我有了自己的衣帽间，衣柜的间隙里藏着一方收纳窄柜，日常的一推一拉之间，日子益发变得井然有序起来。望着镜子里的自己，心里总会有微微的恍惚。时间虽不动声色，却已过了那么多年。

如今栖栖惶惶的每个人，都可能曾是爱笑爱闹的少年，又或曾决绝地站在世界的对立面；也曾跨过山和大海，蹚过汹涌的时间长河，但终要回归生活。收纳窄柜里既放着曾经的躁动不安，也放着如今的淡然温润。

不是任何人，都能活出情怀与态度

龙应台说："你告诉我，什么是家，我就可以告诉你，什么是永恒。"浮游人世、渴望安定的人把家当作最高的信仰。无论清贫还是富贵，安宁还是动荡，努力生活的人能够看到的都是最璀璨的人间烟火，都值得叫人尊敬。

对那些终于跨过了人生的山和大海，好不容易拥有了自己一隅之地的人而言，家是春日里一派桑榆燕子梁，家是丰年里细嗅那稻花香。所以他们总是特别珍视家居时光。

他们会按照喜欢的模样一点一点去规划、装饰每一个平方，这儿放一对藤椅，那儿置一方茶盘，连阳台都利用起来，大大小小的陶瓷花盆种满了常春藤和满天星。在那方精心布置的天地里，闲时吟赏烟霞，重逢把酒言欢。关于家，我们永远有最深的念想。

无论是两个人的温馨时光，还是高堂孺子济济一堂，都是家带给我们的甜蜜，都是生命中最美好的印记。因着对家的概念的珍视，对家居生活品质再怎么挑剔，都不算过分。

安放在衣帽间内的纵向推拉收纳窄柜，让衣柜的尺寸分配达到了预期中的精准程度，让生活里的琐屑和羁绊得到了最干净利落的整理和归纳。它固定在柜体之中，专门的挂包钩、戒指收纳海绵、项链钩，井然有序的配置与设计，一目了然的内部格局构造，给人一种极为舒心的观感。在那一推一拉之间，都能让人感受到平淡生活里的温润与美好。

索菲亚的纵向推拉收纳窄柜，贴心地分为了男士模式、女士模式和通用模式。这样的设置很是体贴，难怪人们会说，懂空间的人，总会将生活的本质铭刻在心。

生活本身没有什么值得挑剔，需要挑剔的是对生活的态度。要知道，再贫瘠的土地，也能开出绚烂璀璨的花朵。哪怕生活给予我们的只有寥寥的温情，哪怕筚路蓝缕，亦不妨碍我们活出自己的步伐和格调，活出自己的那份从容不迫。

形于外，修于内，当品质有了温度

我们将如何与这个繁华、芜杂而又喧闹的世界和平相处？

当生活的节奏越发急促势不可挡，当忙碌几乎是围绕在身边的唯一的主题，冰冷、凌乱的家居生活便成了绝大部分普通人麻木人生、狼狈心境的写照。

人是什么样子，家就是什么样子。细致温柔，达观知命的人愿意抽出时间来拂拭茶桌上的灰尘，仔细熨烫衣物，买优质亲肤的床品，细心

索菲亚，推拉式收纳窄柜

挑选每一件家具。他们会耐心布置、慢慢充实阳台的角落，他们将此生对美的珍视、对品质的追求、对生活的热爱一一收藏在衣帽间里。索菲亚总能够恰到好处地体贴到他们的想法，羁绊便由此产生。

索菲亚形于外，修于内，自有其坚持。它说，漂亮一点，实用很多。它说，懂空间，会生活。有时候，品质不一定是外形上的美，还有内里的温度。

越讲究，越精致。越重视细节，越体现态度。索菲亚追求空间的利用，将每一份空间定制方案都做到极致，旮旯拐角也要最大限度地呈现出“海纳百穿”的气势，再鸡肋的空间也要发挥到淋漓尽致，甚至有些被遗忘的角落，也巧妙地重新利用了起来。

一百个人，一百种需求，一百种人生。唯有变化，才是永恒的不变。唯有私人订制，环环相扣，步步精致，才让家这首朴素又热烈的诗扎实地落了地。

王飚，极其理性的职业经理人。在衣柜企业中，索菲亚是最亮眼的存在之一。在索菲亚，王飚是最不能忽视的人物之一。谈起自己的职业生涯，王飚说，这十几年并不圆满，机会只有一次，剩余都是遗憾。人人都想争冠军，但冠军只有一个。他丧失过属于自己的那次机会。随着遗憾越积越多，想胜的心反而越炙热。

索菲亚还未成为第一，这让王飚觉得遗憾。同时，又很珍惜这种遗憾，因它挑起了更多的激情和欲望。他说，定制不是仅凭概念就能取胜的行业，它是闭环运作思维的体现。既需要让空谈落地的理性，又需要十万分的专注和热忱。关于索菲亚的一切，让他心心念念了很多年。这份事业让他时刻保持专注。

对于王飚而言，索菲亚不仅是一份工作，还是一份热爱。他与太太共用一整个索菲亚衣帽间，那方天地几乎承载了他钟爱的生活方式，囊括了他的衣食住行。

他一直认为，选衣柜如同做人。要低调，要理性，拒绝华而不实，摒弃一时冲动。二十年后依旧觉得好看的衣柜才对得起当初的选择。同理，二十年后毫无后悔只觉庆幸的人生才值得付出。好的衣柜和好的人生都不必太花哨，温润贴心是一方面，更难得的是它能事无巨细地承载繁芜琐碎的生活，关于家的那些浮光掠影的幻想从此变得具体，并牢牢生根于凡尘俗世之中。

钟志威，家居设计师，来自于索菲亚。他总是带着必要的测量工具，在每一个工作日里不停辗转于那些饱含期待的家庭之间，再带着满满的信任离去。工作的时候，他话不多。细心观察，思考，直至脑海里浮现出大致的轮廓。心里有了底，他开始了交谈。他问得细致、耐心，是为了知晓驻扎在对方心里的家，究竟是什么模样。

江海，索菲亚的安装师傅。朴实，憨厚是大家对他的第一印象。江师傅每天都乐呵呵，既关心家庭生活，又较真于自己的工作，活得努力，踏实又认真。人这辈子就图个安居乐业，这是他最认同的道理，也是他无比看重安装这份工作的理由。他说，大家辛苦挣钱买房，谁都想将自己的房子打理得漂漂亮亮。而安装，是最后一道工序。所以需要更精心地去对待。每年年底，都是江师傅最忙的时候，加班是常有的事。他却觉得，再辛苦也值得。

索菲亚有很多这样的人，他们聚集起了索菲亚的温度。空间虽然是既定的，人却是灵活的。索菲亚的魔力在于它在空间规划上的无限智慧和巧思，在于它先锋独特的设计理念，更在于它对温暖家居生活的执着和对人心的呵护。

生活需要更多心意放在其中

曾经跨过山与大海的人，生活的丰盛与热烈会让他们目眩神迷；曾经失落失望过的人，生活的柔软和小确幸会让他们热泪盈眶。将琐屑的细节收纳，将美丽的细节珍藏，认真对待生活的人，生活也不会吝惜给他的回报。

萧伯纳说，世界上最不平凡的美是家里的美。再波澜壮阔的人生，也需要一个安放之处。挚爱生活的人，总是乐意将家布置成最符合心意的样子，随心所欲地去诠释属于自己的清新、朴素、温润或者精致的美。

他们耐心采撷每一束阳光、每一抹绿意；他们精心挑选每一只茶杯、每一方木柜；他们打理着自己的小小天地。时光在此慢了下来，温煦的日子变成了长久的梦想。他们收纳着岁月里零零碎碎的感动，将它们一一折叠、整理，放入心爱的推拉式收纳窄柜里郑重珍藏，而这是他们关于家的不平凡之美的最好畅想。

趣之意

PART 3

平稳的生活是容易闷的，只此一回的人生，还是想做些有趣的事情，成为一个有趣的人。

尽一世年光，寻中华文明印记

——王的手创，原创趣味手作

我叫王丹青，是两岁包子君和三岁肥松的家长。看过各地风景，尝过四方美食，钟爱趣味手工。最初做手工之时，朋友以为我只是消遣，殊不知我已醉心于此。从那时候小小的淘宝店，到今天小有名气的品牌。这一路上，我们笑过也哭过，见过雨天，也等到了那之后的彩虹。我们带着这一路收获的友情、信任、喜悦、成长，更加坚定地走向那未卜而又充满希望的前方。

希望在这条路上，能遇到你惊喜的表情。

——致读者的一封信

大概每个人心里，都住过一个大圣。

小时候大院里有演出，其中一个节目就是儿童版的《西游记》，节目组便打算从院里的小孩子中选角色。当时院里的小孩子都抢着当孙悟空，为了争夺这一角色，小伙伴们不惜满地打滚只为了让爸妈给买一根充气的金箍棒。结果，来的每个人背后都带着一根或长或短的金箍棒。

虽然我们知道最后孙悟空只会有一个，但我们都想变成他。

后来长大了的这群人，还会偶尔在聚餐时说起这桩陈年旧事，总能引得哄堂大笑。笑过之后的我们，知道自己已经没有了彼时挤破头当孙悟空的勇气，但我们还是记得我们想变成他。

今年生日，我收到了其中一个伙伴的礼物。打开一看，是一个大圣的手工刺绣挂件，明快跳跃的色彩搭配，头上凤翅紫金冠后接着的大红色流苏何等潇洒，半眯着的眸子，似笑非笑的表情里带着仍是那熟悉的不屑。

一时间，鼻子竟有些发酸。在不返的时光里，我们撞见了未曾实现的梦想，它被埋在现实的尘土里，却依然能在一瞬间闪闪发光。

「大圣挂件」

牵引的线·结识的缘

这手工刺绣包，是来自一家叫王的手创的小店。

走进店里，就像走进了一个奇妙博物馆，各种妙趣横生的手工好物都在争先恐后地和你打招呼。店里有挂件、项链、绣囊、指环……但都不是我认知中的模样，比如说这绣囊，竟是十二生肖的样子。传统的十二生肖造型，萌趣的现代设计与手工制作的融合，简单而萌动的造型，中药的自然香气，再现中国传统文化中绣囊的艺术。香囊布料则选用的是蓝染土布，蓝染本身就是传统文化的一种，香囊亦是特有的民间艺术。彩色的线在布料上绣制出各种寓意吉祥守护的图案纹饰，缝制成形状

「十二生肖」

各异独具特色的小绣囊，若把这生肖绣囊送给亲朋好友，想想对方收到时的惊讶样子就觉得特别有趣。

除了绣囊，亦有很多其他饱含传统寓意的设计给人留下了深刻的印象。看似结构最简单的挂件，每一个细节都是认真不苟，精美异常。尤其是那对鸳鸯车挂，特有的苗族风格，鲜艳的色彩搭配，一对鸳鸯两两相望，如同热恋中的情侣相互依偎、举案齐眉。几许绣线，多少爱恨情

长。古时的人们往往用刺绣寄托情爱，穿针引线之间，五彩的线来来回回、曲曲折折，正如爱情的模样。

因为这些有趣的物件，令我总是流连于店铺闲逛赏玩，久而久之便也了解到了绣作背后的艰辛。大机器时代的悲哀就在于，原本瑰丽的绣作被现代化的机器纺织所吞噬，手工刺绣变得无人问津。苗家妇女擅长纺织和刺绣，而如今精妙的技法渐渐失传，年轻的绣娘无以为继，靠着外出打工维持生计。

「一枚浮雕朱砂石，红艳如火像是一颗赤子丹心；重瓣四束流苏，寄托了两家父母和美生活的期许；两串手工铜铃，铃声悦耳清脆，如同一双儿女承欢膝下。」

所幸在衰亡的传统手工之路上，有一群人步履不停，用尽全力将苗绣重新展现在世人的眼前，挽救即将失落的文明，将苗绣与现代设计相结合，使苗绣焕发了全新的生命力。

这正是“王的手创”，而这“王”就是取自于创始人的名字，王丹青。

交织的线·意念的结

那年那月，故事才刚刚开始，丹青却已漂泊过大半个中国。她在最年轻的时候用脚步丈量祖国山河，殷勤地掬起一捧捧秋水和春光，固执地守望着旷野和苍穹。她曾默默攀爬在深山，也曾静静穿越过窄巷。寻寻觅觅，迂回辗转，只为寻找那小隐于野、大隐于市的匠者与高人。丹青在山东学会了木板年画，在江西学会了制陶，在山西学会了捏面人，还有打银、剪纸、古法造纸、扎染和蜡染，时光在她耳边呼啸而过，岁月却在老手工艺人面上的皱纹里静谧地舒展，流淌。丹青喜欢民间艺术，并为这一切着迷。

后来她到了贵州，遇见了苗寨。苗寨风光秀丽，民风淳朴，苗族女子善刺绣。刺绣，是她们一生的事情。一直绣到眼睛瞧不见了，老太们坐在窗前，抬头沉思，低头抚摸衣裳上绣了一辈子的纹饰，这一生的愁思、祝福与心愿都寄托在那针与线里。

桂春阿姨也曾是那样鲜活的苗族女子，经过岁月的洗礼，慢慢变成了温柔的绣娘，手艺越发精湛，心性越发沉凝。她对丹青影响至深，“王”的故事也因她而起。那针与线在桂春阿姨的手里，似是活了过来。丹青想不到手工之美竟能如此沉郁古朴，而又鲜活跳跃。她栖息在这宁静的山村，早已忘了城市的喧嚣。每当黄昏之际，丹青便坐在门前、河边，拈起那针线，低着头，细致地绣，直绣到夜幕降临。临睡前，她就着暖黄的灯光，端详着自己的绣作，心里流淌过一股奇异的、沉静的力量。她熟练

地穿针引线，这一绣，便是一整个春夏秋冬。

“王”的故事由此开始，“王的手创”也因此而问世。

交织的缘·坚定的心

2013年，丹青注册了淘宝，客服是她、设计是她、采购是她、老板是她、运营是她、美编是她……丹青尝试将所学的设计与苗绣的特点相互结合，将现代的设计理念、实用主义的精神与苗绣的特色相结合，好看且实用，符合现代的审美。

渐渐地，认可的声音渐渐汇聚，欣赏与支持四面传来，但随之而来

的还有更加严格的挑战。仅靠丹青一人已经显然不够，原本事业稳定的先生便选择了离职，全力支持爱妻的理想。理性的他负责运营，而感性的她负责设计。2015年，王的手创步入品牌正规化运营阶段。

王的手创起源于苗绣，但并不拘泥于苗绣。打从丹青铁了心要把苗绣再次带回人们视野的那一天起，她就决定要将这种传统的手艺和现

代生活美学结合起来，这样才能给苗绣注入新的生命力，而与IP合作便是其中一种方法。

从《大圣归来》到《大鱼海棠》，从《你的名字》到《大护法》，他们都授权给了王的手创，让王的手创用苗绣的语言去再次演绎这些电影里的经典，大圣挂件、椿笔记本电脑包、你的名字主题手链、大护法香囊……除了电影方的认可，王的手创也和公益机构WABC达成合作，以自闭症人群的画作作为图案，绣制了主题口罩。在之后，王的手创又得到了国家博物馆的授权，为C型玉龙、青铜牛头、人面鱼纹等十余个文物制作了IP衍生品，把它们带到了五湖四海的人们手里。

王的手创用苗绣的语言将这些热门IP演绎出了别样的精彩。此时，王的手创旗下所有的产品，已经不能用苗绣手工小物来概括了，它们在他们的手里，有了新的生命，也有了新的寓意。

2017年，王的手创被阿里巴巴评为特色卖家，同时，王的手创也确定了全新的品牌愿景——探求108个即将遗失的中华文明。

是苗绣点亮了王的手创，而王的手创要做的是接着去点亮更多逐渐遗失的中华传统文明。

中华传统文化精深而博大的内涵，值得用毕生的精力去探索、去演绎、去创新。丹青说，此生的愿望是去探求108个即将遗失的中华文明。丹青的眼前便出现了一条路，这条路出现了108个即将遗失的文明，108个梦。她自知力量微薄，却又从不妄自菲薄。这条漫长艰辛的道路，丹青愿以余生去行走，怀抱炙热与虔诚。如若能带动更多的有心人去探索、去找回、去挽留，那些失落的文明最终会回到我们身边。谈起这些，丹青笑得坚定，她说，未来总还有很远的路要走。

路漫漫其修远兮，王的手创将去深挖那些即将遗失的中华传统文明，去与它们对话，交流，去用这交流的成果去牵绊住现代人的脚步，让越来越多的人停下来，去思考、去创作，去改变原有的姿态，保留原本的特色，努力将古老的文明内涵激活，去让它们用新时代的表达方式来继续阐述自己那独特的美。

心之所向，身之所往，追一个漫长而真实的梦

细细想来，齐天大圣的故事也已经在几百年里被不同时代的人们演绎出了各种版本，每个时代的人都有自己对齐天大圣的独特见解，这厚厚的一沓故事，便叫作历史。历史是不能断的，就如同线断了，再想接回就很难找到那线头了。这千百年沉淀下来的中华文明也一样，它们需要人们去给予它们延续，去让这条线不断地延伸下去。它们跨越了时间、空间，穿越了多少双娇嫩或是沧桑的手，最终递交在了你的手上。然而，还有很多古老传统的美，你还未曾见过，也未曾梦过。

但若是见过大海，怎么可能忘？见过那古老传统的美，又怎么肯忘记被震撼的心情？幸运的是，在今天，齐天大圣有了新的演绎。而那些即将消逝的文明也有了新时代的追求者，在这些追寻的队伍里，王的手创也许并不突出，但他们却已经为这条追寻的路许下了一生的光阴。他们有一个漫长而真实的梦，梦见有一天所有消散在历史尘埃中的美都一一回归，在宇宙与世界的尽头交织成一道永恒的线，像一颗流星拖着永不消逝的尾巴，随着无尽的时间飘向无尽的未来。

「打开微信扫一扫」

一曲风琴，是流淌在生活里的天马行空

——十八纸，风琴式纸家具

致同样个性的你。

时光荏苒，十八纸曲折创业九年，迷惘的北漂青年迁徙至未知的深圳，执念于小众的风琴式纸家具，道路多歧却未曾放弃，砥砺前行。

十八纸希望能给热爱生活的伙伴们带去一份与传统家具截然不同的设计美学体验和一份节约空间、实用有趣的生活良品，也希望能带去一些关于梦想、关于坚持、关于行动的启迪与共勉。

十八纸的初心，便是——不做凡夫俗纸。

——致读者的一封信

纸的艺术源远流长。从纸扇、风筝、灯笼，到流连于江南雨巷中的油纸伞，不同的材质，不同的手工，造就了不同的工艺品，在各自的领域大放异彩。少年不识愁滋味，只记得草长莺飞，春光明媚。我们用狗尾巴草编织戒指，磨圆了石头抓石子，就地取材，其乐无穷。最擅长的，还是折纸飞机，折两头尖尖的小船，用色彩斑斓的糖果纸折纸蝴蝶和精致小巧的纸篮子。薄薄的一张纸，却似有无尽的魔力，承载起我们乐悠悠的童年。

邻居家的婶婶有一双巧手，剪刀在她细长的指间飞舞，不一会儿，便有一个活灵活现的娃娃，抱着大金鱼，跃然纸上。小时候的我，简直对这种艺术着迷。吃完晚饭做好了作业，连最喜欢的动画片也来不及看，便箭似的飞奔去了婶婶家，缠着她教我剪纸。婶婶耐不住缠磨，只好捡拾出一大摞彩纸和精巧的小剪刀，在暖黄的灯光下耐心地教我用钻笔在纸上临摹出图样，慢慢涂抹、拓印，再顺着图案一点点修剪。渐渐地，我也能剪出简单的花朵，肚中吞福的葫芦和金鱼。

没过多久便是新年。婶婶带着我剪出各式各样的窗花，红艳艳的，花团锦簇，盛放在几近透明的窗玻璃上。还有喜鹊登梅、六鱼闹莲、燕子穿柳、彩蝶飞花，煞是有趣。那场景，在记忆中闪闪发光。在遇到十八纸之前，就已经为各种精致的纸艺着迷惊叹，剪、刻、撕、拼、叠、揉、编织、压印，不同的手法，连缀起璀璨绚烂的纸的王国。在遇到十八纸之后，却对纸有了更深的认识。

十八纸，令纸的艺术达到了登峰造极的境地。风琴凳，合上是一本书或一张琴，展开则是一片神奇的天地。从未想过，薄薄一张纸，还能走向如此出彩、厚重的未来。若你认为，生命的轻薄从一开始便已注定，无力更改，便是大错特错。你曾是一张纸，平凡、不起眼，飘摇世间，注定坠落。可你也曾是一棵树，郁郁葱葱，张开绿绒大伞，为经过的人遮风挡雨。或许，你还将走上独一无二的未来，举足轻重，有自己的精彩。

“纸”因有你，风琴悦动

纸，近乎人类最伟大的发明，它与平凡生活形影不离。有一天，当普通的纸遇上了一对机灵古怪的恩爱夫妻，那一瞬间的化学反应便“炸”出了一个天马行空的未来，绵绵无尽的诗意从此驻扎在了岁月里，伴着手风琴声，悠扬悦动，精彩纷呈。微纸凳，合起来，是一本书，展开，却是一个圆凳。十八纸亲切地唤它为“小凳子”。它让我想起童年时候的小马扎，小巧，轻便，母亲总爱坐在小马扎上，倚着门边摘菜，但这“枚”微纸凳要实用得多，且流线简约，美貌无匹。

风琴凳有着好听的名字，也有着“婉约”的外表。将其置于手中，拉伸收缩，无声的乐曲静静流淌在平凡生活里。当它安安静静地伫立，便是最省空间的长凳，妙趣“横”生，灵动多变。你可随心所欲地扭成喜欢的模样，比如一方小茶几，或者是弯弯曲曲的“桥”，人们错落有致地坐在“桥”上，彼此交谈，两两相望，是生活中最温馨的场景。风琴凳是献给现代家居生活的诗文、歌曲。

十八纸的风琴展架，凸显的是灵动个性的创意。它是最佳的展示台，自身格调高雅，既不会抢夺展品的风采，又可为其增添风姿，是展览展会、商品陈列、空间装饰的最佳拍档。风琴展架可私人订制，但其设计大多以简约为基调，彰显的是自然、本真的美。不刻意装饰，不搔首弄姿，它清新无垢、简约隽永，坚守内在的质朴始终如一，反映的是生活里深刻的美学。

风琴式纸家具是十八纸天马行空的创想，他们将一份独特的匠心发挥得淋漓尽致，好比一个轻飘飘的梦想最终落到了热辣辣的现实里，给了热爱生活的你我无比新鲜的体验。十八纸用柔韧的牛皮纸为材料，承重没有丝毫问题，“蜂窝结构”使得用料最简，强度又高。十八纸尊重每一件作品，一如尊重生命的本真，奇趣生动的灵思便在散发着清香的原料间跳跃、汇聚，最终成就了一只只微纸凳、风琴凳和风琴展架，承托着人们疲惫的身躯和疲倦的心灵，承托着愈发厚重的美丽。

一成不变的人生让人沮丧。你习惯了生活的按部就班，便渐渐变得心如止水，不为任何人任何事所动。渐渐无视生命里的美好与感动，不愿“矫情”，懒怠动弹，只愿庸庸碌碌、将将就就了此一生。这实在是令人沮丧。多少人还未见识过生命的激昂与磅礴、热情与绚丽，便走入了平淡无奇的生活，余下的日子里，便与畏缩麻木的自己两两相望。十八纸，不愿意接受一成不变的人生。他们大刀阔斧地改变着传统家居，将平凡普通的纸变成丰润的感动和诗意，遍洒生活，芬芳每一段旅途。

相知相守，将纸的艺术做到极致

十八纸，来源于女主人公李晓的姓氏，将“李”字拆分，便是“十八子”。一时间灵思妙动，佳名天成，既然“子”与“纸”谐音，不如换“十八子”为“十八纸”。刘江华和李晓，以“纸”为奋斗的起点，为终生不变的目标。“十八”则寓意着风琴式纸家具“九曲十八弯”，“十八般变化，千万种风情”的风格和特性。经过这样一段纠结的思索，“十八纸”就此诞生。

那年，刘江华和李晓风华正茂，意气飞扬，双双醉心于设计。李晓骨子里藏着一份慵懒和诗意，平日里虽是不折不扣的宅女，到了紧要的关头，却能风风火火，扛起必要的压力。刘江华，不爱喧哗，不喜社交，表面上安安静静，心里却沸腾着火热的梦想。从很年轻的时候开始，他便明白这一生该怎么走。遇上妻子李晓之前，他走在那条路上，虽四处碰壁，却从未后悔。

刘江华从小便心灵手巧，脑海里总交织着各种稀奇古怪的想法。他天生喜欢发明，这是以一己之力改变世界的途径。他将发明类的书籍看得如痴如醉，并且尝试着在生活里实践历练。他甚至曾给海尔写过信，建议他们研发一款特殊的洗脚器，集按摩与烘干为一体。那是在2001

年，市场上根本寻不到他构思中的一体按摩椅的踪影。对于设计、创造，他有着天生的触觉。那些天马行空的想法让他与众不同。他热衷于思考，热衷于安静地待在一边，捣鼓一些别人不懂的小玩意。就连嗑瓜子的时候，他都会思考瓜子壳的摆放能做出怎样一番世界来。

2006年，刘江华大学毕业，租房、工作，按部就班。他不喜欢搬家时候的折腾，又不愿意屋子里空荡荡，便开始寻一些纸质家具。辗辗转转，

遇到的那些纸质家具无不粗糙、劣质。这让刘江华第一次注意到了纸质家具的现状，他心里升腾起了很多纷杂的想法。他想着，纸质家具应该是很不错的方向，只是被那些拙劣的设计、材质毁了市场。他跑遍北京郊区的工厂，搜罗起不同材质的纸，起先装满了一面包车，后来又装满

了那个租来的小房间，潜心研究，不断实验。最后，刘江华以防水牛皮纸为原材料，从“蜂窝结构”中获得灵感，终于研制出一种结构特殊、受力稳定的纸。他唤它“风琴纸”，这便是十八纸的前身。

那是2008年，刘江华果断辞职，决意要做梦想中的手艺品，走属于自己的路。于是便开始磕磕碰碰的旅程。在遇到妻子之前，他被迫向现实投降，离开北京，南下打工。在深圳，两人相遇，此后相知相守，一切都是顺其自然。刘江华放不下风琴纸家具的创作，而李晓深知丈夫的梦想，她给了他最大的支持。在妻子的鼓励下，刘江华开始了新的旅程。那是一段既残酷又温馨的日子，对于过去的艰难，他们都不愿深谈。过去的困难，永远不值一提。未来，才值得向往。这一路相知相守，纸的艺术便被他们做到了极致。

一曲风琴，是流淌在生活里的天马行空

纸，最平凡，最不起眼，纵使它已走过千年，承载过无尽的岁月。想要将纸的艺术做到极致，需要天赋，需要独特的创想与灵思，需要坚持，需要无尽拼搏的勇气。想将平凡的人生过到极致，就不能甘于庸碌，就不该接受一成不变的路程。有时候，你的平庸只来自于你的想象。

从轻薄迈入厚重，需要一段痛苦艰辛的历程，而最艰难的，往往是起始的那一步。人该享受平淡，却不能耽于平庸。人该试着和不完美的自己和平相处，也该试着拥抱骨子里的那份激昂与热情。一曲风琴，是流淌在生活里的天马行空。人生，不该妄自菲薄，不该在蝇营狗苟的时光里渐渐苍白、干瘪。迎风破浪、直挂云帆，才可迎来天高地阔，才能获得内心真实的宁静。

一字一禅，一步一生，这天地安静

——片刻，『禅』系列涂鸦本

每个物品背后都有一个故事、一个灵感、一个人。每个物品，也都代表了主人的身份、爱好跟品味。

把那些原创、有设计、有温度、有情感、价格合理的独立产品带给大家。

这大概就是我们想为你做的事情。

——致读者的一封信

或许，城市里永远有一群人，行走在纷繁热闹的当下，心却始终偏居一隅。他们守望着内心的宁静，听风声，听雨声，听心田里陆续坠下诗意的种子，最终落地生根，枝繁叶茂，连缀成林，在钢筋水泥的城市里异军突起。

在某个无比寂静的清晨，曾碰到一位老先生。偌大的公园广场，只见他身形如松，卓然不群，无比认真地面对着眼前一片空地。老先生沉凝了片刻，手执硕大的毛笔，略蘸清水，在那空地上笔走游龙，一气呵成。以水代墨，以地为纸，写地书的老先生周身萦绕着一股“静”的气场，而他的字遒劲清健，自有一种“禅”的神韵。

不由想到也好书法的爷爷，他说，见字如见人。犹记得那时候的早午黄昏，爷爷在书房里挥洒文墨，行云流水，云烟满纸，我便立于一旁观看。爷爷的书法颇有力度，又带着一股恬淡冲虚的意味，彼时还懵懵懂懂，只觉得他的姿态沉凝闲适，怡然自得。大概是受爷爷的影响，我总爱观察别人手中的笔和笔下的字，对生活中那些独特的神韵，那些沉凝的力量总是格外动心。

一个人生活在城市里的时候，日子虽平凡简单，却也能打理得安然闲适，绿意盎然。喝茶，听歌，踏青，旅行，周末去花鸟市场，走走逛逛。睡前总会写上一篇生活小记，用心仪的钢笔，一笔笔记录在心爱的涂鸦本上。字要写得好看，笔重要，纸同样重要。细腻精致的纸张，承托着字迹娟秀前行，那笔调，便尤显诗意。记得在见到片刻“禅”系列涂鸦本之时，便极为倾心。每一个颜色都古朴沉凝，每一本，都有一个主题。诉说着关于“静”的力量，关于“禅”的神韵。

一见爱由心生，一字便是人生

初见“禅”系列涂鸦本的瞬间，难以抑制内心的悸动，我想我为自己的心瘾找到了解药。一枚亮泽的原木纽扣、一纸坚挺的硬质封面、一笔端正的宋体字迹，它静静地躺在桌角，躺在时光的沙漏中，在那哑光

彩絮装帧纸下仿佛藏着许多待解的真相。正如文字中永远藏着生活之禅。“禅”说，中文错综复杂，将一个字拆解，经常能得到另一个字，仿佛人生的另一条路，另一番道理。所谓人生两面，各有精彩，各有光芒。

触手抚摸内页，古雅洁白，纹路分明，质感细腻。拿起钟爱的钢笔，随手写下几字，自觉点画随意，自然得体。寥寥几字，藏着此刻的心思意念。笔尖碰触纸面，顺滑而柔软，越瞧，便越觉得笔下的每一个字都有了生气，却又隐隐凝聚着安静的力量。有特殊的韵味萦绕在这笔、纸、字之间，而其所带来的舒服与惬意，对于每一位热爱写字、钟爱美的人而言都是莫大的幸福。突然就想起了那日清晨碰到的那个老人，想起了旧时光里的爷爷，他们临风写字时候的心情，应是一样郑重，一样幸福。笔走游龙，书写人生，那遒劲字迹，并未消逝于时间的风霜中，反而在那瞬间化作了永恒。

“禅”系列涂鸦本的每一处精美设计都留有独特的心思，是生活赐予的礼物，是自然最美的馈赠。就像一瓶葡萄酒，愈是历时久存，愈是醇香满溢，与涂鸦本相处的时光越长远，越能感受到岁月的关怀，因为长时间使用后的木扣会浸润岁月的光泽，为你我守护散落在这里的记忆碎片，这也是为什么众多设计中我尤其醉心原木纽扣这一独到创意的原因。

这一系列涂鸦本的色彩、文字各异，我唯独钟情于“冇”，冇即是无，比起已经拥有的一切，这未曾得到的更叫人心生向往，同时它又彰显了平静、坦白，及清冷的生活状态。老子有言道“无即是有，有即是无”，“冇”一字便定义了释然的人生态度。喜欢这种心存盼望，却不强求不做作，顺其自然而又淡泊宁静的意蕴。从“冇”到有，简单两笔的距离，如同我在涂鸦本上留下的一笔一画，记录生命的片刻，填满了“冇”即为有，人生的点滴靠自己创造，那走过的光阴旅程便如获珍宝。

心存梦想，只愿为你坚持，为你而作

片刻创始人赵雪涛说，他喜欢慢慢孕育事物的过程，更笑称片刻实际上是用户玩出来的产品。原来片刻在拥有丰富栏目和内容之前，它的前身不过是新浪微博众多互动应用的其中一个。

2011年，兼有出版和互联网产品背景的赵雪涛开始创业，他依靠自己的兴趣在新浪微博站内做一个简单的应用——词卡。片刻一出生就

片刻，『禅』系列涂鸦本

是创新的模式，运营人员每天给出三个词，让用户根据这三个词完成一段不超过140字的写作。于是有人写诗歌，有人写游记，甚至有人连载故事，用户参与后将他们的文字分享到微博，使片刻为越来越多的人所认识。

围绕着每日三词，用户创作出了不少新的玩法，更创造了片刻的未来，直到现在，三词写作也是片刻的传统。

非常注重与用户之间联系的片刻，花了大概一年的时间来完成内容引导和用户培养，积累了大量的粉丝。接收到一些用户的积极反馈后，词卡的运营团队便不断改进产品，包括取消字数限制、开放自由写作、上线片刻网站。甚至到现在，片刻人员精简的团队也都只有十个人左右，其中大多数还都是片刻的重度用户，其中有些人很早就开始在片

刻上面发表自己的作品，是赵雪涛费尽心思才把他们挖了过来。

终于在2012年，片刻App问世，在那以后的日夜，每每打开片刻App，“世界很美，而你正好有空”的字眼总会如期而至，这温馨的句子背后是赵雪涛希望把世界上最美的文字和创意带给用户的美好愿想。

后来，许多片刻用户都在说，片刻那么美的地方，你们为什么不做一些美的实物产品呢？

于是，为了把片刻的概念延伸到具体的实物中，在2014年，赵雪涛和团队成立了片刻生活馆，创造片刻的衍生品，始终坚定不移地以“青年手创优选”作为品牌的定位，他们说，要把原创、有设计、有温度、有情感、价格合理的独立产品带给大家。

一个故事、一个灵感、一个人，片刻串起了每一件全新创作的物品，每件物品又代表着主人的身份、爱好与品味。它们，即是无声的代言，希望每个人都能在这里找到自己的生活态度，遇见只属于自己的命中注定。

一字一禅，一步一生，这天地安静

似水流年，兜兜转转，只为寻找让心宁静的力量。而关于生活的真相，永远藏于当下，又或藏在过往片刻的时光里。若说一字里蕴藏着一片天地，那么用一个瞬间足以读懂人生。少年时家长随口提起的一句道理，始终挂念在心头，多年后的一个午后，瞬间突然福灵心至，茅塞顿开。少年时无意翻过的一本书，早已遗失在岁月里，而书上记录的那些关于人生的态度，直到现在还影响着你的选择。世界浮躁，不妨停下脚步，试着放空思绪，安享那片刻的空气与风。

摩登年代·童话，无处安放的喜怒与忧伤

——小鸡磕技，白夜童话

交通系统穿梭如织，通信信号明灭涌动，身份立场无痕切换。

身处这个时代，恐怕很难取得真相。

然而万物生长兴衰，生命更替，循环往复，日光下仍有洁净单纯的寓言。白夜是极昼的夜晚，真假难辨的彻夜明亮。日光下露出忧伤、温暖、脆弱和柔软的力量。

既然我们一直在主体和客体之间切换，女孩的故事，未必不可相信那就是躲在坚硬外壳下的我们。

祝每个人，得到安宁温和的力量。

——致读者的一封信

钢筋丛林里寻不到童年

童年是那只小兔娃娃，是生满青苔的墙头，是夏日里紫果累累的桑葚树。童年是漫天繁星，是蚂蚁搬家，是满嘴清新的黄瓜味。童年时，大灰狼和小白兔的故事听了不止一百遍，母亲睡前的晚安吻便也永久地留在了记忆里。

童年时爱做手工，将铁丝一点点掰弯，拧成小人的形状。用花花绿绿的碎布头给芭比娃娃做一套漂亮的小衣裳。叠千纸鹤，装满一整个玻璃瓶，央求邻居的哥哥给瓶身上绕满了小灯泡，在黑暗的夜里闪着星星

点点的光。做一支小风车，在风里呼啦啦地响。坐在天台上，用橡皮泥一遍遍捏着野天鹅和丑小鸭。一本《安徒生童话》几乎被翻烂，始终对童话里雄赳赳、气昂昂的锡兵和他的新娘念念不忘。

童年在野外，在蛐蛐的叫声里，钢筋丛林里寻不到童年。现代人习惯了在繁华的都市里辗转，在热闹的街头独行，宁愿将心事藏着掖着，随风化了，将悲喜都塞进树洞。与父母好久未见，与少年时的朋友不再说从前，只是寒暄。异乡人漂泊在陌生的城市，譬如行走在白夜，看不清星星，也晒不到阳光。时光在他耳边呢喃，诉说着一个盛放在白夜里的

童话。如此，才能获得一些力量，换得一些心安。才能在踽踽前行之时，终究不忘在泥泞中仰望星空，试着触摸理想。

有那么一群人，虽通晓世事，却又始终保持着最初的天真，他们愿意说一个白夜童话，给世人听。女孩与兔、魔法与灵狐、犀牛与独角兽，似极童年时绚丽的幻想。就是这么一群人，开创了小鸡磕技，将白夜童话带进了现实里。认识他们，是一件幸福的事情。而那白夜里的童话，带来的是独特的贴心与温暖。

白夜童话·成长的忧伤

“那些夜晚亮如白昼，甜蜜而忧伤，梦里的女孩徐徐讲述，每个人的童话。”

童话里，从不缺女孩，脆弱、善良、天真、热情。童话里，从不缺隐伏在森林暗夜里的动物，神秘的狐狸、凶恶的狼、憨厚的熊宝宝、歌声嘹亮的夜莺。“白夜童话”是女孩与动物的合集。生活里的雕塑工艺品层出不穷，能被称为艺术的却不多，能被时光铭记的，更是少之又少。

80后艺术家贾晓鸥亲手铸就一个个孤独静谧的白夜童话，将成长的忧伤变成时光里的浅吟低唱。女孩抱着“晚安

兔”，眼眸微垂，长发里长出犄角。她在说，晚安，我的宝贝。纵使世事纷扰，凡尘嘈杂，永远会有一双手为你抚慰忧伤，平息躁动。这是一个有关疗伤的故事。“灵狐”舒服地趴伏，耐心听女孩的诉说，关于那些过往的秘密，关于那些隐秘的心情。这是一个有关倾听的故事。

女孩骑着月亮兔，她们沐浴着皎洁的月光，欲乘风飞行，又不忘脚下。“初心皎如云间月”，这是一个不忘初心的故事。“猫将军”傲娇地扬起脸，女孩亦向天空看，她们亲昵地依偎在一起，望着星空，彼此有彼此的方向。这是一个陪伴与独立的故事。“火烈鸟”一身灼热的羽毛，与女孩的裙，一起在风中飘扬，骄傲地行走，留下一路芳华。这是一个不惧未来，傲然前行的故事。

“父子马”有同样沉稳的姿态，永远向往着生活里最平凡的幸福，这是一个关于家与珍惜的故事。“梦马”载着女孩，她面容坚毅，目视远方，将四海天涯视为归宿。这是一个勇敢闯荡的故事。白夜中的一个个故事，让心变得柔软。

千篇一律的设计和流水线产品称不上艺术品。而艺术品也并不一定要高高在上，艺术家用宝丽石或者搪胶工艺制作一个个白夜童话，将数字创作手段与传统设计理念结合在一起。每一件作品，从女孩眼角的细节到“祥鹿”鹿角的弧度，皆由艺术家一手把控。手工绘制，校配颜色，调整细节，艺术家一遍遍画着手稿，不断延扩着思路。他从生活中捕捉美，捕捉情绪，别出心裁地融入作品之中，于是，女孩们，动物们好似真的被赋予了魔法，慢慢活了过来。

现代人大多生活在繁华热闹的都市，而心却困顿在白夜里，渐渐麻木、干瘪。疲惫和空虚是常态。大家都习惯了一路奔波、披荆斩棘，以精致的皮相来武装自己。年幼时候听了许多遍的童话故事早已经被藏在心的缝隙。我们以成熟的姿态，开始谈一些人情世故的道理。很多人都处于热闹的中心，却又默默地主动疏离，这是成长必须付出的代价，是人生必经的旅程。可米生活KEMElife，试着在钢筋丛林里蔓延一些温情与甜蜜，用一个个白夜童话去温柔抚慰那些焦躁、疲累、麻木与迷茫。

艺术品·艺术家

贾晓鸥创造了很多小女孩，无一不是栩栩如生的模样。有纤细、脆弱的美，却又带着奇异的力量，让人的心宁静、温暖。可爱、温软的女孩永远象征着凡俗生活里的纯真，而他的作品，则永远带着超凡脱俗的味道，美得独特，让人微笑，让人心安。白夜童话是他的代表作，诉说了一系列有关成长的故事，甜蜜而忧伤。那些小女孩，那些美丽的动物，初看简单美好，之后才明白，那孤独事关你我，亦刻入了骨子里。

可米生活KEMElife隶属于小鸡磕技，由贾晓鸥一手创建。贾晓鸥毕业于央美雕塑系，是个80后设计师，亦是个气质温润内心刚硬的艺术

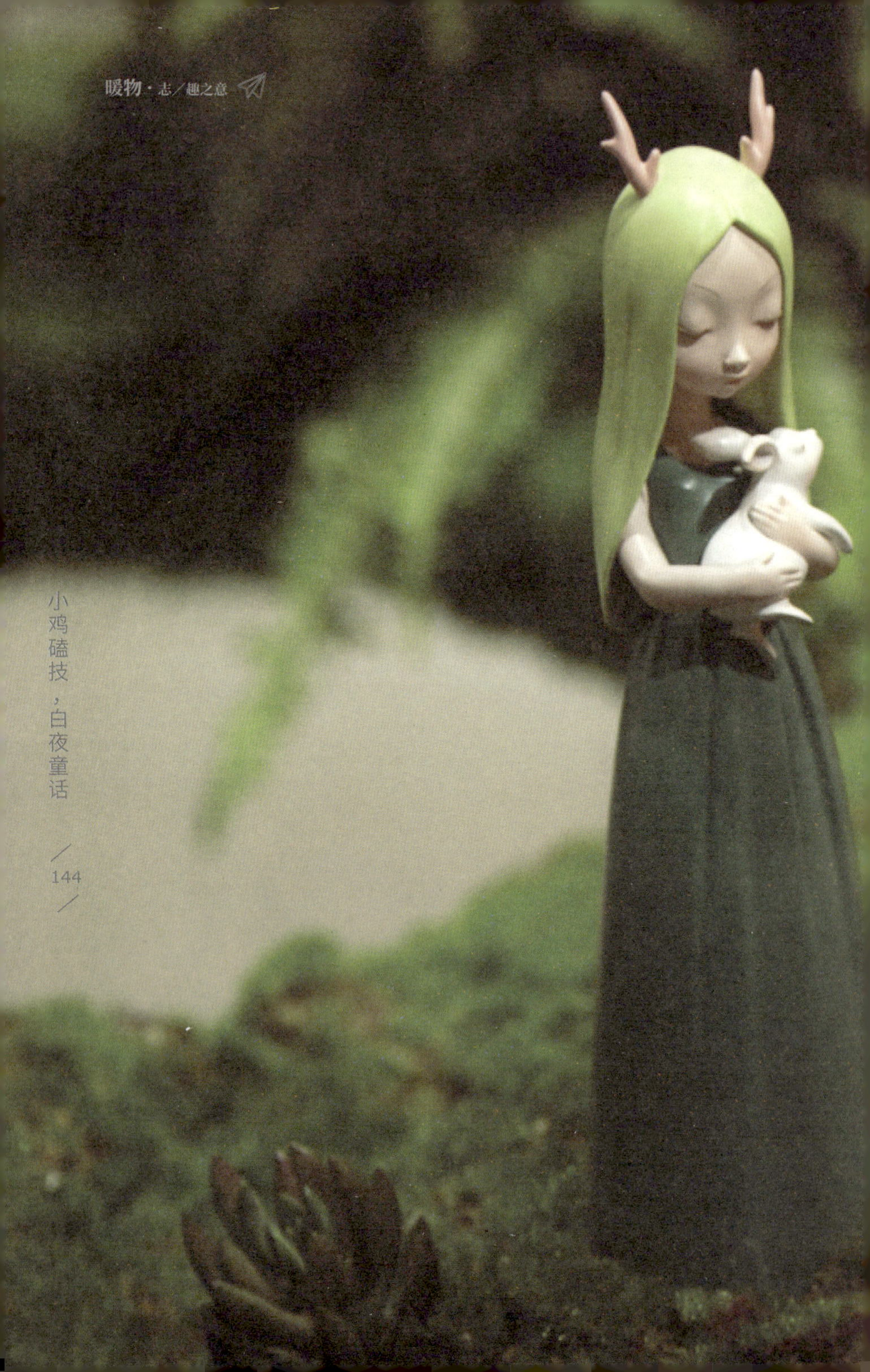

家，从不惧逆向生活的洪流。他曾埋头于一个人的创作，如今更希望自己的作品能够影响越来越多的人。他逐渐明白，艺术不一定要曲高和寡，阳春白雪是艺术的表现形式，下里巴人同样可成为艺术的表现形式。艺术不一定广袤如天空，磅礴如黄河，深邃如大海，如果能捞起生活里一点点诗意，甚至童年时候的那一点幻想，都可以成就艺术。他想做一些贴近人们生活的、微小而独特的美，于是便创建了可米生活KEMElife。

白夜童话带着旧日的气息，也带着新兴的摩登气息。正如小鸡磕技，立足于传统艺术，同时结合时兴的数字艺术。以艺术点亮现代人略显疲惫、麻木的生活，是小鸡磕技从一开始就立下的心愿。创业之路难免会有坎坷，贾晓鸥却说，这已经是值得感激的坦途。除了白夜童话，他还创作了“桃子小姐系列·远方的使者”“摩登马戏团”等作品。白夜童话、桃子小姐是对生活的抚慰，摩登马戏团则是对生活的赞美。看他的作品，第一眼便能看出童趣，看出纯真，融化在极简的风格里，聚起一片暖融的氛围。

小鸡磕技乐意去将生活打造成最好的艺术品，而可米生活KEMElife则变成了难得的平台。后者成立“KEMEX”计划，为了寻找更多独具特色的艺术作品，以及更具潜力的艺术家。为原有的团队带来新鲜的灵感和热情，为可米生活KEMElife的追随者提供更多的选择和体验。

张贺，1984年生人，无神论者、敏感的艺术家。他说，没有人是完美的，一生总会犯错。这人世间的一切永远是稍纵即逝，他尝试着用作品去记录。30岁的时候，面上不动声色，心里却沸腾着莫名的苦涩。因此，有了“我不说不代表不知道”。高椅包裹着女孩，椅背上停驻着一只变色龙。蜷缩着的女孩沉默着，眼神清澈，她没有一丝一毫叛逆的情绪，有的只是迷茫。这是张贺与可米生活合作的开端，他的作品一向受年轻人的欢迎。

受“KEMEX”计划聚集而来的艺术家们对生活有各自的理念，或纤弱敏感或温暖清新或前卫大胆。于海，新锐雕塑艺术家。他关注材料，为不同材料的质感着迷，所以有了“不可进入”。他关心人心的内在秩序，所以有了“什么都没发生过”。吴琼，1981年生于北京，曾远渡重洋漂泊四地。她的作品“天是幼时蓝”，以孩童的形象赋予怀旧与寄托，让人印象深刻至极。可米生活是一个包容的梦想，“KEMEX”计划将吸引更多独特的生活理念融入，而这，也将激发更多的思考。

小鸡磕技，白夜童话

摩登年代·童话·无处安放的喜怒和忧伤

时光如长河，一去不复返。这是一个瞬息万变的时代。复杂、纷扰、热闹，世界越拥挤，留给心的空地就越少。人说“三十而立，四十不惑”，仿佛顺其自然地便会跨过一条条沟壑，越走越稳，越走越远，一如当初的预想。现实是，你一再被困在人生的某个阶段里，未来永远遥遥无期，时间解救不了你。都市是深海，人人都变作了一尾鱼，游来游去，周而复始。孤独便刻在了骨子里。

艺术家们总能敏感地体会到人心的嘈杂与无序，成长的忧伤及必要的牺牲，于是用作品忠实记录。艺术家创建可米生活，首先摒除了英雄与偶像，只留下平凡的你我。将个体独一无二的体验，寻常生活里的喜怒与忧欢，与孩童时光绚丽的幻想融入了一件件作品之中，希望以温暖与纯真感动越来越多的人。若能回归本真，应该像孩子一样开怀大笑。钢筋丛林里寻不到童年，艺术家们却创造了一个个摩登童话，用它们来抚慰所有的喜怒与忧伤。

用之良

PART4

以月份计算生命的消耗品总是不容易被钟情，但哪怕只有刹那芳华，也足以让人有不一样的回忆。

日常用品，才是真实的我们自己

——米马，杂货铺

四是四，十是十，对大家来说十四是十四，四十是四十。

而对我们来说，十四就是四十，四十也是十四。

因为，今年我们四十岁了，而“米马”刚好十四岁，去年感慨“米马”占据了我们人生的三分之一，而今年悄悄地超过了三分之一。

我心底里又庆幸，又失落。

庆幸岁月变成米马，失落米马也成了岁月。

——致读者的一封信

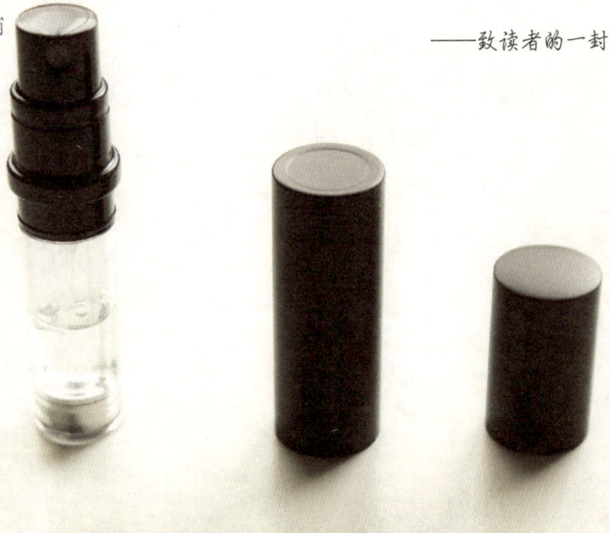

年少的时候，最怕别人问起梦想。

至今仍记得那一堂课。似乎从那片阴影里一直站到了如今，背脊僵硬，双颊涨红。长大后，想实现什么梦想？只一个简单的问题，便能勾起一段生涩的回忆。我讷讷回答，长大后，想，想开一家杂货铺。还记得大家都在阳光里哄笑，只有一人站在阴影里。那一年，才九岁。

至今仍记得那年的中秋节。亲朋好友们围着石榴与月饼，在浓郁的桂花香中欢聚一堂。彼时已长成斯斯文文的模样。长辈笑着问道，以后想做什么呢？怔了片刻，只摇头轻笑，不敢多说半句。那一年，刚好十六岁。

那时候，如果知道未来终有一天会遇见米马这家奇异的杂货铺，定会心有戚戚焉。成长催你成熟，同时让你世故。成长使你丰富、厚重，同时消减了生命里的诗意和天真。没有几个人能真正做到出走半生，归来仍是少年。庆幸的是，我在这个有杂货，有小食的铺子里，遇到了少年时梦想的自己。

米马小店，将诗意带到生活的每一个角落

米马杂货始终坚持，人，应当诗意地栖居。掬起一捧阳光，珍藏满身花香，在厚重的书页里夹上一朵银杏叶子，在雨后等待彩虹绚丽于天际，都是生命中最浪漫的事。诗意地栖居，是尽情享受春日迟迟、卉木萋萋的盛景。是在人生中的任一时刻，都能踏歌而行不负辰光。诗意地栖居，是一个以梦为马，诗酒趁年华的瑰丽梦想。这梦想再瑰丽再宏大，也抵不过一颗柔软的心。

只需拥有一颗柔软的心，便能够诗意地栖居。纵然身处闹市，心里亦藏着一整个瓦尔登湖。还记得小时候那些酸酸甜甜、澄澈分明的时光吗?纵使大家都在反复吟唱，从前的日子过得慢，车马邮件都慢，但其实早已忘了长街暗夜无行人，卖豆浆的小店冒着热气是怎样一幅场景，一生只爱一个人又是怎样的心情。

从前的日子漫长而简单，心思单纯又热忱，一小粒糖果便能甜蜜一整天的时光。男同学想要捉弄喜欢的女同学，便往她嘴里扔进一颗“老鼠屎”，看她惊恐的表情变成惊喜，直到眉眼也笑得弯起来，他心里便被某种说不清道不明的温暖情绪渐渐溢满。两个小伙伴，手拉手一起上下学，一个礼拜都在分享着那一小袋华华丹。拈起一颗放进嘴里，小家伙们一起仰起头，微微眯起眼睛，阳光在眼皮上流转跳跃，那是无数美好记忆中最独特的一瞬。

时光咻的一下变成了烟。我想念小时候的味道，却总是久寻不获。直到在米马杂货遇到了这款手作消食丹，陈皮、山楂、木香、甘草、麦芽糖，甜酸配比得当。打开精美的包装，取出这一小瓶消食丹之时，心里流淌着的是微微的期待。颤巍巍地倒出一小颗，扔进嘴里，随着熟悉的酸甜味道弥漫开来，喉间哽咽，多少往事涌上心头。彼时虽已经历无数复杂人事，这滋味却冲破了岁月的屏障，让人多了点可爱的幼稚。

当华华丹遇到了米马，主题突然得到了升华。它这口感酸甜、老少皆宜的零食，如今已变成了对美好回忆的捍卫，变成了对健康生活的呵护。除此之外，它最大的作用是开胃消食，在炎热喧嚣的夏季，几粒小巧的、散发着草木清香的华华丹便能够帮助人们打开胃口，消解淤积于胃的食物。我将它放在办公室的抽屉里，或者随手揣在兜里，想起来的时候便嚼上一颗，滋味独特，回味绵长。

在米马杂货铺子里，类似这样的既有品质又凝萃着特殊情怀的精品好物比比皆是，吃的、用的、穿的，从挽发的发圈到手里的水杯，从艾草盘香到手工蔓越莓牛扎酥糖，几乎涉及生活里的每一个角落。它亦将独一无二的品质、浪漫和诗意带到了生活的每一个角落。

米马杂货铺里，有一款特别定制的便携式香水分装瓶，20克的轻盈

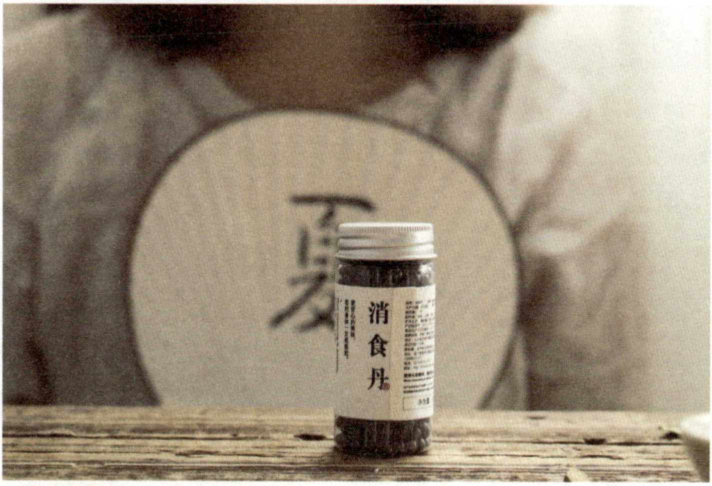

重量凝聚成了修长小巧的黑管，它外形简洁大方，设计上超脱了传统的模式，利用的是抽真空原理，既方便随时补充，又不会造成香水无谓的漏损。这样贴心独到的设计被米马的粉丝们看在了眼里，记在了心里，

一轮又一轮的青睐与追捧必不可免。

习惯用香的人少不了这款好用的香水分装瓶，奔波在外的时候，这管小巧黑瓶的陪伴会让你省去很多麻烦。岁月如梭，人们只顾着一路奔忙，却忘了适时停下脚步，回头望望已走过的路，听听散漫在时光里的浅吟低唱。长大了，成熟了，却忘了生活里的芬芳，忘了人在本初的模样。起先，你慧眼如炬，乐意去精挑生活里的美好；后来，你成了浮华喧嚣的一部分，无力阻挡生活的狂暴。

诗意的生活并非可望不可即，我们可以从身边使用的小物品开始着手。哪怕窗外的世界尘土飞扬，也不忘在洁白的手腕，在软糯的耳后，细细喷洒一段幽香。无论何时何地，都保有孩子般赤诚温暖的笑容，以温柔而又决绝的姿态对抗人生的无奈和命运的无情。而这些杂货小物，盛放香水的分装瓶，关乎童年记忆的华华丹，引起的永远是平凡的你我对于生活的那种狂热热爱，对于诗意的那种热烈追求。

米马，愿你出走半生，归来仍是少年

陶洁和Lincy，在相伴相携走过了十四个年头之后，又一起牵着手来到了四十岁的关口。十四年的光阴，岁月淬炼成了米马，米马又化身成了岁月，游过她们梅红叶绿、草长莺飞的青年时代，来到她们清尊素影、长愿相随的光阴盛年。

二十六、七岁的时候她们一个是大学教师，一个在外企工作，都忙得风风火火。忙着工作、恋爱、收集生活的美好，忙着旅行。她们一边默默惦念着那开得漫山遍野的不知名野花，将那时光采集，郑重藏入心底；一边乱发飞舞，永远站在生活的对立面，以炙热的态度反抗生活的碌碌与庸俗。

年轻时候的陶洁和Lincy，热衷于颠沛与流离。她们乐此不疲地流连在名山大川，穿梭于长街陋巷，只为寻找到最质朴美好的手工艺品，将它们小心翼翼地放入行囊，再不辞辛苦地背回家，让更多的人欣赏它们的美。

不知从什么时候开始，一个念头逐渐升起，在一点一滴的时光中被慢慢催熟。如果能够开一家面朝大海春暖花开的杂货铺子，耐心收罗生活里更多的精致，也不失为一件十分有意义的事。

陶洁说，在她曾经的理想工作里，文字是第一位，读书排在第二位，教学排在第三位。Lincy说，曾经她是个学霸，是奋斗在世界五百强企业的精英女性。而米马却如新生的朝霞，如奔腾的云，如磅礴的雨，大刀阔斧地改变了这一切。有人说，岁月飞逝、时过境迁，一切终究会变成烟。也有人说，你这一生行过的路、说过的话是刻印在年轮里深深浅浅的痕迹，横亘在大家的记忆里，不曾褪色。

不知道陶洁和Lincy曾经幻想中的四十岁的自己会是什么样子。是否如现在这般紧张充实，又妥帖安然，是否如现在这般“四十多惑”，又百毒不侵。只是，十四年过去，一众米马粉们的长情相伴，原本是她们最初的动力，最后亦成了她们最深的念想。

最初，米马只是一份兼职。陶洁和Lincy甚至没有把它当成一份事业来经营，卖货不是最主要的目的，她们仅仅是想通过米马，来传达一个信念：人，在埋头捡拾稻穗的时候，也别忘了偶尔抬头，望一望那星空。她们在做好本职工作的同时，抽出时间，坚持守护米马长达十年的光阴。渐渐地，那一个个刻印着米马标记的杂货小物静悄悄地融入了生活，而米马，慢慢演变成了一种特殊的生活方式。诗意地栖居，不再是遥远的想象，在米马看来，你我皆触手可及。

后来，她们顺其自然地走到了人生的新阶段，对生活也有了更多的思考。因着对食品安全的焦虑，她们将目光投入了食品领域。台湾事茶人李曙韵的作品《茶味的初相》给陶洁和Lincy留下了深刻的印象。那茶香浓郁，宁静祥和的别样世界使她们心生向往，从那时候起，食味的初相这一品牌便处于萌芽酝酿的状态。

2014年，陶洁和Lincy毅然辞职，正式开启了创业的征程。那一年，她们37岁，所拥有的是米马这个品牌和一大批忠诚的追随者。在此基础上，她们创立了“食味的初相”这一全新的品牌，并打出了全新的slogan“更安心的美味”。为了做到这一点，她们曾一次性销毁了20箱牛轧糖；也曾因着熟客的一句话，下架了所有的藕粉食品，确保无问题后再重新上架。陶洁和Lincy的理想一如孩童般炙热而单纯，提供更安心的产品，传达更有温度的生活态度，是她们永恒不变的追求。剥开层层外衣，生活的本质袒露无疑，是十四年如一日的坚持，是对诗意栖居的极致向往。

愿你出走半生，归来仍是少年。陶洁和Lincy，反比年轻时候更加纯粹简单，更加灵动鲜活。心若不曾枯萎，谈什么，都是正正好，谈什么，又都还早。

诗意如大雪，纷扬这岁月，潇洒这路程

生活中的任何一个不起眼的小物品，折射出的却是真实的人生。所以米马才强调说，日常用品，才是真实的我们自己。人呐，应当永远向往着诗意的栖居。无论周遭有多少烦扰，也该保有孩子般的赤诚。不忘在简单生活里寻找意义，在琐屑时光里细数幸福。不忘笑得没心没肺，甚至活成一棵树，站成永恒的姿势，栖居在诗意的土地上。

钟爱米马，因它遇到了我年少时的梦想模样。米马与心目中的杂货铺无限契合，春有百花秋有月，夏有凉风冬有雪，每一次好物上新的日子里，激情的心情都有如过年。你想要的始终如一，而米马给予的却是万里挑一。我看着最初的梦想绽放在了最平实的生活里，璀璨耀眼，温暖了好多人的心。

「打开微信扫一扫」

五光十色，红尘喧嚣，敌不过这精致

——Miss Candy，健康指彩

Miss Candy，因为爱，才来到了这世上。朋友Louis是一位化工博士，暖男一枚。Louis的女友Lara，是一位油画师，温雅浪漫。一到夏天，Louis总会陪着Lara，去巴黎南郊的巴比松小镇写生。丹枫白露森林里草木葱郁，空气清新，Lara将那美景尽收画中，偶尔灵思一至，会尝试着用当地的矿物颜色作为颜料来画画。她笑着对Louis说，若能将这些颜料变成指彩，又健康，又美丽。一句话，便定下了Miss Candy的未来。健康指彩，在最初，原本是一个艰难而遥远的梦。如今，这梦绽放成精致的现实。Miss Candy，从此成为一种生活方式。

——致读者的一封信

一代宗师里，叶问与宫二交手之前，宫二眼眉低垂轻声说，可惜了这一屋子的精致。当时便心里一动。精致二字，简简单单，背后却负着沉重的理想。

年幼的时候不懂得什么是精致。夏天傍晚的凤仙花开得热闹，红的、紫的、粉的，一簇簇如云如霞。采集足够的花瓣放入木碗里捣烂，拿那鲜艳的汁水染指甲。包上麻叶系紧线绳，捂一整晚。第二天起得早早的，松开手指一看，指甲上泛起浅浅的红，润泽有光。那时候不懂得什么是精致，只觉得好看。

由凤仙花，由这润泽的指甲，想到了张爱玲。“八岁要梳爱司头，十岁要穿高跟鞋”，如孤淡的东风，冉冉来到人间。张爱玲爱口红，爱粉红的指甲和“奇装异服”。其人如其文，华丽又清冷，淡漠疏离中又见亲切与缱绻。关于张爱玲，明明千头万绪，此刻却只化作了两个字——精致。这精致沉重，背负了老上海的清风寒、浮云散，背负了老时光里厚厚的青苔。

她给好友邝文美写信，信中说道：“每次我看见你指甲上涂的Power Pink（粉红），总看个不了，觉得真美丽，同时又怕你换别的颜色。（因

为别人的指甲，我做不了主），可是后来看见你一直涂这颜色，我暗暗高兴。”从前我一直好奇“Power Pink”该是怎样云烟氤氲的美，值得她如此欢欣雀跃。到后来从Miss Candy光温变系列里随意挑出一支，依次涂于指甲，十指间当真泛起了淡淡的云烟。那瞬间似乎懂得了张爱玲的欣喜，懂得了从前不解的精致。

健康与美，才是精致生活

去印度旅行的人，一定见过一种独特的人体彩绘。印度的手绘师们隐没在大街小巷之中，用塑料布铺地，用晒干的花瓣碾制而成的细粉当作颜料，几个圆锥形颜料筒则被充作画笔，往人们的手脚上画上繁复的花样。这便是人体彩绘。这种古印度手绘艺术又被称为“曼海蒂”。曼海蒂图案繁复，美得神秘，常见于当地人的婚礼之上。

历史上的埃及艳后偏爱将指甲染成深红色。在遥远的中国古代，闺房的幽香中，也曾演变出一套关于指甲的艺术。原来在几千年前，女人们就习惯用染色的指甲来彰显独具韵味的美。而在今天的女性看来，覆在指甲上的绚丽的颜色，承载着对生活的独特的热情。它不仅仅只有美，它是一种精致的生活态度。

Miss Candy 健康指彩，可定义健康与美，可定义精致生活。女人们若愿意从最细节的地方打理自己，一定对美有着执着的追求。但当指甲油的美损害到了身体，这种美，不要也罢。市面上林林总总的指甲油，不是每一款都让人信任。指甲油原料若渗入了塑化剂、重金属、甲醛、甲苯等有害物质，会对人的健康影响很大。创始人当初是抱着想要改变某些令人愤怒而又难过的现状，才投身于这个行业。在Miss Candy看来，美当然重要，只是健康，更需凌驾于美之上。所以便有了健康指彩。这是一个庞大的主题，容纳400多种绚丽的颜色。它们美得缤纷绚丽，名字更是特别切题动听。炫彩梦幻的“舞会”“游乐场”“幻影”；清新怡人的“冰晶”“淡彩”“果冻”；神秘璀璨的“优雅”“迷雾”。俱是Miss Candy精心打造的新色。

将那些美丽的色彩小心翼翼地覆满指甲，整只手背都变得流光溢彩起来。色泽饱满丰润，非但不会伤害指甲，还能滋养甲面。Miss Candy的创始人以健康为重中之重。健康指彩的原材料不含任何有害物质，主要由树脂、葡萄糖酸钙、色粉和水组成。它不像普通的指甲油，有刺鼻的气味。它可轻松剥除，不需辅助卸甲水。而原材料中的葡糖酸钙，能够强韧指甲表面。健康指彩百般强调的“健康”，正是来源于此。

2017年，Miss Candy 为健康指彩最新“黑科技”召开了盛大而又温馨的发布会，在圈内流传已久的“小黑糖一步胶”出现在了大家面前。它说，精致也可以是一瞬间的事情。美甲步骤大多繁琐，须刻磨指甲再加上打底上色封层，消耗的时间多，对指甲的伤害也很大。Miss Candy的“小黑糖一步胶”简省了那些多余的步骤，最大限度地保护指甲。其色彩亮度和饱和度相对于传统的甲油胶更为出色，卸甲过程更是方便安

全，轻轻一撕，便能完成整个过程。若表面的美丽之下覆着令人心惊的真相，若眼里能看到的精致实际上是以健康为代价，Miss Candy 说，这虚伪的美与精致应避而远之。而“小黑糖一步胶”却是因爱而生，自然健康，优雅到了骨子里。

人生难得精致。这骨子里的优雅与精明，背后有多少沉重的付出。自从知晓 Miss Candy的创始人曾为这精致走过的路途，吃过的苦，便越发感慨。精致二字，简简单单，背后，却负着沉重的理想。

因爱而生，创无可取代的美与精致

Miss Candy是关于糖果的故事，绚丽梦幻而又温暖。

而Miss Candy创始人心目中的健康指彩，会为女孩们编织起厚实美丽而又温暖的梦想，轻易地绽放在指甲之上。这种令人目眩神迷的美与精致，是Miss Candy的初心，也是它的真谛。

指甲油是最普遍的化妆品，女人的梳妆台上，少不了色彩绚丽的指甲油。但创始人却说，Miss Candy 不仅仅只是一款普通的指甲油，它不

该是冷冰冰的模样，它是女孩们美的彰显，它伴随女孩们前行。每一瓶指彩都有生命，“需要用心去考量，才能最大价值发挥它的情感使命”。

一开始这都只是一个偶然的念头和设想，创始团队却用拼搏与努力，用爱与恒心将这绚丽的梦想变成了令人欣喜的现实。Miss Candy 因爱而生，也将因爱前行。对健康的呵护和对美与品质的极致追求，是它永恒的动力。Miss Candy 说，它会成为这世界上最健康最梦幻的指甲油，点缀女性的美，温暖她们平凡而又精彩的人生。

健康指彩在这之前，是一个很难实现的理念。绝大部分普通指甲油的原料和成分对指甲、对人体健康都有不小的损害。而Miss Candy 却是一款与众不同的指甲油。纯奶，树脂和矿物色粉，成就了这款特殊甲油的天然本色。从开始那一个简单的念头到如今的大放光芒，Miss Candy 经历了很多很多不好走的路。想当初，创始团队整整花了三年的时间，进行了无数次的实验和测试，才让Miss Candy 步步成型，于2014年成功面世。

Miss Candy 聚焦于无可取代的美丽与精致，它独创的色彩甚至达到了400多种，几乎每月都能更新超过50多种新颜色，时尚前卫而又独一无二。Miss Candy 重新定义了女性的生活方式，它是一个绚丽的梦，是一个关于爱的故事，是一段充满冒险的旅程。Miss Candy 会伴着你一起前行，奔赴向越发可爱的未来。

五光十色，红尘喧嚣，敌不过这精致

流溢在十指指甲间的炫目色彩，是一种令人难忘的美与精致。飘逸在衣袖发梢的清香，是一种让人向往的美与精致。一开始，你觉得那极致的美与精致是一丝不苟，是从头武装至脚。后来才明白，那让人由衷钦佩的美与精致，向来是一种由内而外的气质，是一种值得反复诉说的态度。正如 Miss Candy，它走在时尚的前沿，它崇尚轻奢主义，却始终秉持初心，温暖而贴心，给人前行的力量。

Miss Candy 说，精致不是元素的叠加，不仅仅只是绚丽的色彩和苍白的好看。它带有温度，它拥有自我的坚持。精致是言行一致和表里如一。张爱玲说，生命是一袭华美的袍，爬满了蚤子。认清了生命的悲凉底色，反而越发活得精致，珍视自我方能恣意盛放。

Miss Candy，希望人们注意到它的温度和它背后关于爱的故事。若一味沉溺于它绚丽梦幻的表面，不免可惜了这精致。正如人生，坎坷时一味愤世嫉俗，得意了便忘了来处，不免让人厌憎。精致是纵使五光十色，红尘喧嚣，亦能温润淡定、自信昂扬地去面对悠悠岁月。

Miss Candy，健康指彩

在最好的年华里，遇到美丽的自己

——瓷妆，阿狸心花宙放

人为什么爱美，亚里士多德说：只要不是瞎子，谁都不会问这样的问题。希腊神话中充斥着关于爱美的情节，美让人神魂颠倒，让人艳羡让人嫉妒，让人自惭形秽心生敬畏。大胆地追逐美已经是每一个人的共识，你可以有多美？也许你还不知道。在最美好的年纪里，你最美好的模样是什么样？瓷妆希望能遇到每一个少女的“初妆”之时，能让她们在最青春的年华里留下更美的自己，不负韶华。

——致读者的一封信

人都有着爱美的天性，“食色，性也”圣人说的色便是对美的追求，这是天然的本性。小时候偷偷观察母亲每日的梳妆打扮，心中艳羡不已，觉得化了妆的人儿美得不可思议。于是大着胆子趁着家里没人的时候，拉上窗帘，满怀阿姆斯特朗首次登月般神圣而敬畏的心情打开母亲的梳妆台，口红、腮红、粉饼，在年幼的双眸中闪闪发光。腮红糊了一脸，正红色的口红歪歪扭扭，揽镜自照，却只觉得自己美若天仙。最后，还要在母亲回家之前，急匆匆地反复洗脸，心中盼望着下一次的惊艳。

儿时觉得自己像是灰姑娘，只有在四下无人时才能变身美丽的公主，在变身过后打回原形。这种无人知晓的爱美像一个惊险刺激的游戏，伴随着童年的蝉唱和炎热，在每一个无人的午后上演。然而父母对于爱美是严厉禁止的，在他们看来，爱美像是一桩罪孽深重的事，饭桌上的教育从来只有学习，但凡任何与爱美有关的事都将招来无情的批判，只能像个地下党般煞费苦心隐藏自己的“真实身份”。

盼星星盼月亮地长大了，到了可以公然化妆的年纪，像是为了弥补童年缺失的爱美之心般对化妆情有独钟。时代变得越来越爱美，当年犹抱琵琶半遮面般的爱美之心终于可以扬眉吐气，即便是咿呀学语的孩子，都可以用自己的一双小手选出自己喜爱的衣服。

不知何时，一只名叫阿狸的小狐狸出现在大众的面前，明明是狐狸却没有尾巴，单靠一条白色小内裤区分正反面，有爱的小阿狸萌化了大众的心，漫画、画册、动画、表情包……各种周边层出不穷。阿狸生活在自己的小镇上，与恋人桃子、好友大熊一起，经历着无数日常而又暖心的故事，让人联想起《小王子》里那一只被驯养的狐狸，童话不死，少女心永在。

瓷妆的这一款妆盘，像是童年时的那个自己向现在的自己发出的一个邀请，光阴荏苒，日月如梭，幼稚的心早已成长，但无论在人在事如何变迁，自己永远都是自己。毛毛虫热爱着大白菜，即便是变成了蝴蝶忘记了过去，却依然会被菜花的香气所吸引，万千变化里的你依然是你，心怀爱美与美好。穿着白色短裤笑着的阿狸，时时提醒着自己，勿忘初心，在这个灰暗的时代里，爱美的色彩和力量值得你披荆斩棘。

除却治愈初心的能量，实用性更是不必说，眼影、腮红、口红、粉蜜的结合，还有马毛唇刷与眼影刷。少女色系的眼影与口红，百搭的色彩随意搭配都可以化出日常的少女妆容，一小盘便能满足日常的上妆补妆，化妆包也可以抛弃了。

但在众多的化妆品中选择这样一个妆盘，并不只是因为这些原因。

每一个少女在开始学化妆的时候，都会遇到这样的苦恼，粉底要哪种，眼影什么色，刷子买多少……这些都像一个个无解的难题。盲目地去搜找美妆达人的推荐，学来的却都不适合自己；看各种美妆视频去学习，但往往出来的却和那视频的效果不一样。

年轻的女孩子们在懵懂的摸索中不断试验，不管是仿妆还是天马行空的自我想象，总是在踩了无数个雷区之后，看着镜子里“五颜六色”的自己，垂头丧气。忍不住心里想着，如果有人教我就好了。

无独有偶，曾经也有个爱美的少女也走过一样的弯路，尔后她找到了适合自己的妆容，知道了如何找到那个美丽的自己。

但她没有忘记曾经那个懵懂的自己，于是，她想着要做些什么事情来帮助这些会遇到同样问题的少女们。

善良·美好

这个从小就爱美的女性名为汪晓华，在2015年，她创立了美妆品牌——瓷妆。但瓷妆和其他美妆品牌却不一样，因为它并不只有美妆产品，还有一对一的美妆定制服务。而这服务，正是为了初次接触化妆的少女们而设立的，这也被瓷妆亲昵地称为“初妆”。瓷妆希望遇见每一个少女的“初妆”之时，去牵起她们茫然的手，帮助她们找到更美的自己。

在中国，女性的美妆有着极大的断层，从唐宋到元明清，历代有着自己独特的美妆艺术，在动荡年代里，美妆的艺术的火焰渐渐湮灭。爱美，渴望美，却并不懂得美妆的艺术。为了能帮到初次尝试美妆的少女们，瓷妆开辟了多种的美妆艺术渠道：培养一批批专业的化妆师，在线上进行一对一的妆面设计、化妆教学；去校园去现场，传播美妆艺术的技艺与知识……如

今，瓷妆已经带着上万名“小白”走到彩妆殿堂，蜕变成了一个个“彩妆达人”。看着一个个少女们在自己豆蔻年华里都留下更美的样子，这些对于瓷妆而言都是最好的回应。

而人这一生，拥有外表的美丽仅仅只是片面，内心的充实远远大于

外表，善良便是另一种美。世界是不公平的，有的人衣食无忧可以尽情追逐更美好的人生，而有的人却饥寒交迫难以维持生活所需。在校园里、在社会上，这样的现象随处可见。对于瓷妆而言，比起让更多的人走向“更美”，让无力追逐美的人们走向美一点的生活也同样重要。创业多年，汪晓华最关注的倒不是如何营销，而

「打开微信扫一扫」

是如何去帮助贫困大学生勤工俭学、成立校园公益账户、组织捐助与捐款……瓷妆从面容到内心，无处不在诉说着一件事，那便是，每一个你都可以变得更美。

在最好的年华里，遇到美丽的自己

望着桌上的瓶瓶罐罐，发觉自己早已不是那个偷用妈妈化妆品的小女孩了。人会成长，我已经可以化出各样合适的妆容，或可爱或成熟，

母亲赞叹我妆容的同时感慨万千，说多年前已发现我偷偷化妆的事，“妆化得像个鬼”，说完大笑起来。我愕然，又庆幸母亲对我的“放纵”。世界是美好，花开花落、云卷云舒，爱与美无处不在，就像阿狸的童话王国，那里有爱有失落、有烦恼也有欢乐，有一天我也会彻底老去。但幸运的是，在我最青春的那几年，我已经找到了最适合自己的妆容，在记忆里留下了娉娉婷婷的自己。

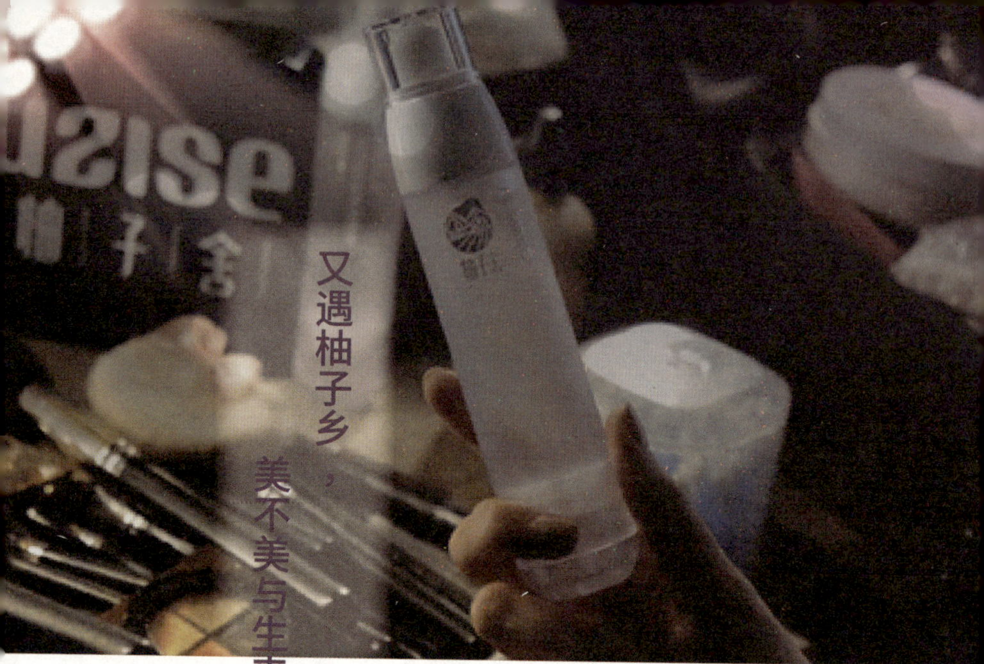

又遇柚子乡，美不美与生来无关

——柚子舍，无敏氏双子星套盒

柚子舍是大大的房子，供你安放岁月，为你保存天真。心如简素，身姿挺直，方能美而不俗。而柚子的果实与花，背阴向阳，才能繁盛茂密，灼灼其华。生活里有厚厚的阴影，亦如诗如歌，冷暖自知、清明自持的人知道该如何选择。选择美，就得放弃肤浅的漂亮。选择心安，就得驱逐浮躁，不争不抢，安静淡然。选择温暖，就得忘了心里的阴暗，向着阳光，享受天蓝、风暖。柚子舍想对每一个素未相识的人说，对不起，我们来迟了。对每一个熟稔熟知的人说，谢谢，我们不会辜负你们对美的期望。

——致读者的一封信

曾经认识一个来自柚子乡的女孩。

饭局是个名利场，你来我往。仿佛周到不周到，都只在一杯酒里。空调开着暖风，旁边人吞云吐雾。脸颊烧红一片，又痒又痛。一只酒杯隔空伸过来，不顾我的推辞，一味地不依不饶。惧恼交加的时候，那女孩却站了起来，清清淡淡，几句家常话便化解了这难堪的处境。我们望着彼此，笑了笑。至今仍记得她眼神清亮，笑容温软。

我们原本是不太相熟的同事，后来变成了无话不谈的好朋友。她面容秀美，却外柔内刚。我因皮肤敏感，接人待物总是格外拘束，便显得有些不近人情。我们都不大受人待见，人堆里难免会有些非议。我愤愤不平，她却始终淡定。

女孩总会带着我一起旅行，读书，看电影，将闲暇时光安排得满满当当。她的心很细腻，总会格外留意那些"针对敏感肤质"的字眼，然后满心欢喜地分享与我，即使饱受敏感肤质困扰的我总是报以怀疑的眼神。她喜欢将可可·香奈儿的一句话挂在嘴上，与其在意别人的背弃和不善，不如经营自己的尊严与美好。可可·香奈儿有传奇的一生，却也曾是个爱美的普通女孩，倔强、清秀，与他人格格不入。其实，再平凡的女

孩，也有权过美丽的人生。

生命中总会遇到那些对你温柔相待的人。像柚子舍，像无敏氏，帮着无数的女孩，春风化雨，润物无声地完成了一场场蜕变。

无敏氏·本真与自然，温柔相伴

柚子树又名“文旦”，芸香科，常绿乔木。柚皮厚，将白色、红色的果肉紧紧包裹其中，像一所温暖的房子，遮风挡雨，避免暴阳。果肉则在柚皮的庇护下，安心地成长，酝酿着芳香。柚子舍也希望自己像柚皮一样，能保护每一个人的肌肤。因此，当柚子舍遇见易敏感人群时，它的心不由得被牵动，无敏氏也便应运而生。

无敏氏崇尚本真自然，取天然柚子的柚子酰胺，与当今美容界唯一被诺贝尔奖盖章认证有效“去印祛疤”的寡肽-1一起，在二者的基础上研发出“双子星”活性成分。在倾洒肌肤的那一刹那，焦躁不安的毛孔安静了下来。饮饱了水和清香，人的皮肤便越发柔滑，光泽毕现。城市生活嘈杂，雾霾一次次卷土重来。人们忙着拼绩效，忙着加班，忙着挤地铁，人的情绪敏感，身体敏感，脸上的每一个毛孔都敏感。无敏氏用自然柚子的精华来抚慰毛孔，让皮肤变得温和，心态便也慢慢从容起来。柚子舍倡导的是简单、纯粹、本真的生活方式，一如多年前的模样。

人们善于从天然食物中取材，看似天马行空想象力十足，却又蕴含着一定的生活智慧。从前在乡村，生活虽然不那么便利，却是满目青山，小河弯弯，四下里一派秀丽清幽。农人们最高级的护肤品是擦脸油，冬天的风吹得脸生疼，涂上厚厚一层甘油，可防止干裂皴皮。而今，无敏氏从生长于大山的“天空之柚”里提取柚子酰胺，将它温柔的舒缓修复力放入到产品中，配合寡肽-1的平衡调理力一起，舒缓、滋润，一如乡间的风，不会给肌肤造成多余的压力。美若成了无关紧要的事情，生活便失了很多心动。衰老不是美的天敌，粗糙的心灵才是。柚子舍的主人有着最朴素的理想，用简简单单的一只柚子，去邂逅生活里更多的美丽。

梅州的晴与雨，风与柚

柚子舍的主人凌远强是梅州人。梅州的客家民居久负盛名，人文古迹熠熠生辉，而对于凌远强来说，值得一提的却是梅州绝顶好吃的柚子及分外舒爽的天气。凌远强创柚子舍，是因为他崇尚干净自然的生活。他爱那片清香，爱自己的事业。无论走了多远，凌远强始终心系故乡，谈起柚子永远滔滔不绝，一如既往。

柚子是好东西，柚花更是天然的香氛，柚叶则凝聚着特殊的信念。南方的人用柚叶煮水，撒身沐浴，信它能洗去晦气，带来好运。柚果是团圆的象征，又可用来提取昂贵的柚子酰胺。柚子舍用天然的柚子来做护肤品，始终拒绝添加任何化学防腐剂等有害皮肤的物质。

而柚子舍之所以能够如此自信，其实是有缘由的。早在很久之前，凌远强便观察到，大自然里有的瓜果蔬菜能保存很长时间，比如大蒜、苹果、柚子。大蒜味道冲鼻，苹果防腐力略为逊色，柚子却是天然的宝

贝。剥开厚厚的柚皮，后面的发现令人惊喜。柚子表皮含有柚甙，柚甙可防腐，又可抑菌，是不二的选择。凌远强便将目光投向了家乡的蜜柚，2008年，柚甙被成功开发。两年后，柚子舍悄然问世。

创业者总有股冲劲，凌远强也一样。他骨子里是个不安分的人，年轻的时候勇走四方，敢闯敢拼。他的第一份工作是进入国企做医药开发。那时候，他每天待在实验室里，和细菌、动物打交道，日复一日的累、闷，让他颇感失望。后来，凌远强辞了职，去外企做医药销售。每日风风火火，意气风发。他认定，充满挑战的日子才合适自己。不久，便又一次果断辞职，决意要开创属于自己的事业。

尔后，他在珠海最繁华的地方开了一家中高端餐厅，热热闹闹地启程，却冷冷清清地收尾。创业哪有他想的那么容易，餐厅的生意半死不活，眼瞧着积蓄都砸了进去，还堵不住那个窟窿，凌远强一度举债度日。令人钦佩的是生活最终没能压垮他，这么多年由着自己去拼、去闯，他早已野性难驯，岂肯轻易低头。后来，在一位老师的指引下，他误打误撞，入了现在的行业，勤勤恳恳，做到如今。

「凌远强出席2017巴黎时装周。」

凌远强经常对身边的人说，他们这代人赶上了好时光。不用担心温饱，不必将赚钱当作唯一的目标。现实虽然仍旧瘦骨嶙峋，却允许了理想的存在。相比年轻时候，此时的他，心态越发自信、淡然。医药专业出生的他，对柚子舍旗下所有产品的每一个成分、经历过的每一道工序都了若指掌。对于他来说，它们不仅仅是产品，还是他的初心。

他见识过生命的繁华和热闹，也曾从云端跌入低谷，一时郁郁寡欢，不得解脱。经历了林林总总，才发现，唯有家乡的风和柚子的清香才能安放他骨子里的热血，让他的心彻底平静。年轻时候那股冲劲犹在，他却不再浮躁、冲动。多年岁月告诉他，人得耐得住寂寞，沉得住气。想要浮起来，就先得沉下去。厚积薄发，水到渠成，才是人生至理。后来做柚子舍，他一直持着这样的心情，安静淡然，默默集聚着力量。

又遇柚子乡，美不美，与生来无关

美应当成为生命里永恒的追求。美，不仅仅只是漂亮，不仅仅只是表面的光芒。天蓝、风暖，便是生命中最值得珍惜的美好。柚子舍珍惜每一个平凡的奢望，珍惜每一个普通女孩关于美的梦想。记忆里的母亲始终乌发如云，眉眼柔和，哪怕历经岁月的风霜。记忆里的女孩，始终立于柚子树下，笑容温软，身姿挺拔，哪怕生活中总有些不如意。

生活里有厚厚的阴影，亦如诗如歌。正如敏感刺痛的皮肤渴望柚子的芳香，瘢痕累累的心也渴望暖风的轻抚。无论外界如何喧嚣，哪怕这人间蛮荒，却始终背阴向阳，只记得生命的诗歌与美好。冷暖自知，清明自持，一路走，一路看花落花开，这是修行与洗礼的旅程。生命里的美与暖意，为敏感的皮肤，为心修筑了屏障。愿你身处闹市，心却在柚子乡，过白露、霜降，享谷雨清凉。这一生选择美，而这与生来无关。

「打开微信扫一扫」

从明天起，关心花草果蔬，关心阳光雨露

——气味图书馆，城市系列

这个图书馆，没有一本书，却装满了各种各样的故事。每一个故事都会因人而异，每一个场景仿佛都触手可及，每一个片段都有着独特的意义。

气味就像一个标签，或者说像一个书签。

夹在每个故事开始的那一页，更或者说像一串钥匙，能打开故事里头那扇门，门背后是个充满无限可能的世界。

其实气味图书馆本身，就是这么一个和幸福有关的异想世界。

想要创造这样一个世界，需要的原料很简单，一毫升的气味再加一些生活的印记。

就好像爱情故事的开头一样。

那年七月的北京，下着雨。

——致读者的一封信

一个城市有一个城市的味道。犹记得上海的弄堂小巷，胡琴咿咿呀呀，风清凉，老式留声机里传来莺啼婉转，燕语呢喃。蝴蝶儿飞去，心亦不再。凄清长夜谁来，拭泪满腮。砖石斑驳生满青苔，那里藏着老上海的味道，一点点精致，一点点婉约，再加一点点清冷。

北京幽深的胡同里则洋溢着老木头的气息。顾城描述的老北京，是小院半壁阴，老庙三尺草。从胡同里望出去，冬日里的天蓝得耀眼，槐树落尽了一身的绿意，光秃秃站在那里。白鸽低空盘旋，瓦楞间结满寒霜。鸽哨声声流连四季，灵动悠扬，又壮美沧桑。北京的味道藏在百花深处，厚重，古朴，神秘。

城市的气味复杂，辣酱味儿，烤串味儿，炸鱼味儿，一街撩人的烟火气。城市的气味简单，小桥流水，夕阳西下，始终在记忆里活色生香。城市曾见证岁月，亲历时光，在无尽流年里留下特殊的芳香。没想到会在一家“图书馆”里为一座座城市驻足，在陌生或熟悉的气味间流连忘返。

时间悄悄溜走，回过神时，已是黄昏时分。置身于气味图书馆，心里突然跃跃欲试，为当下的宁静与温暖庆幸，对天涯和远方怀着赤诚的向往。

城市见证时光，气味串联记忆

年轻的时候向往浪子式的漂泊与浪漫，始终相信在远方的风比远方更远。虽没有遇过一场奋不顾身的爱情，却经历了数次说走就走的旅行。见识过华灯璀璨的上海，去过烟雨蒙蒙的绍兴，赏过白墙青瓦的徽州，逛过散漫悠闲的成都，最终来到了古韵悠长的北京。胡同弯弯绕绕，记忆曲曲折折，有关青春的日子大多青涩又美好。

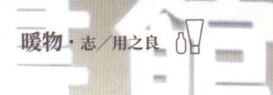

年轻真好。初出茅庐，心无挂碍，洒脱骄傲。不计较眼前的得失，只重视灵魂的神交。那时候去一座座城市，搭绿皮火车，住青年旅馆，有钱了请朋友吃大餐，没钱就聚在一起谈梦想。生老病死太远，浮华喧嚣不屑。我们只在乎人情风土，蓝天白云，还有花的味道。

那时候，大街上总是车水马龙，举袖为云。巷子里却安静如许，墙角开着野花，谁家飘出饭香。老人们依偎在一起晒太阳。一路行走，一路用单反记录一切。令人遗憾的是，镜头可以留住云，却无法拽住风，更无法承载气味。

在拜访气味图书馆之前，从没有意识到，原来去过一个城市，这城市的味道自会深深地渗入到血液里。只需一个引子，便可轻易牵扯出一段段或快乐或忧伤的回忆。气味图书馆里那一排排白色格子上陈列着的玻璃瓶在灯光下泛着晶润的光泽，在打开瓶盖之前，哪里会预料得到将迎来如此多的新奇与感动。

气味图书馆城市系列用气味串联起了记忆。闻到熟悉的味道，通透了然，欢欣鼓舞。闻到陌生的味道，虽不能至，心却往之。一直以为人生苍白，这味道却让我明白了自己的复杂与深奥。你去过的那些城市，闻过的那些味道，见过的那些风景，最终促成了如今的你。丰富厚重，驾轻就熟。

精致的玻璃瓶里装着的不单单是香水，还有我们走过的路途，经历过的故事。藏在玻璃瓶里的北京，是一座沧桑古城，幽深檀香中，沉稳、古朴、神秘的气质一览无遗。藏在玻璃瓶里的香港，无愧于一座繁华都市，清香扑鼻，水润干净。台北，嗅起来像冬日午后暖暖的阳光，微微的甜，明快而活泼。东京，嗅起来像一个温情脉脉的梦，樱

花柔美，花果纯情。

巴黎浪漫，香甜而优雅，像热情的红酒和醇香的咖啡。伦敦忧郁，高雅而独特，像缠绵的雨和沉默的英国栎。纽约时尚，包容而自由，像脆甜的苹果和清爽的翠竹。布拉格美成了色彩浓烈的画作，充满诱惑力。意大利美成了一曲探戈，风情优雅。那些独特的味道流连鼻尖的时候，人也仿佛置身其中，不由跃跃欲试心生欢喜。

在繁忙的工作间隙，很多人也不曾停下脚步，努力去越来越多的地方。只是，从前，我们旅行。如今，我们旅游。走马观花，未必上心。从前的赤诚与感动化为朋友圈里的九宫格，不是不美，只是没有气味。

不曾闻过雪的味道，不曾留意灰尘的味道，是多么遗憾。不曾潇洒走一方，不曾敢说敢做、敢于承担，何以谈人生？世界那么大，太多的气味和色彩需要我们去亲证。生命里藏着那么多的洒脱与豪情需要我们去挖掘。抱着一颗真诚细腻的心，无论何时出发，都不晚。阅尽千帆，方能稳重如山，方能璀璨绽放。

纵使一时困窘，不忘前路芳香

娄楠石说，气味没有男女之分，只有适合与不适合之分。一座城有一座城的气味。每个人也都有独属于自己的情感、气息和记忆。9岁那年，娄楠石失去了母亲。16岁的时候，她被送往遥远的新西兰读书。从此，故乡成了远方。有时候，成长需要一辈子。有时候，它是一夜间的事情。18岁生日之后，她开始认清，这个世界上根本不存在一帆风顺的人生。就在那一年，她失去了父亲。

娄楠石曾有过无忧无虑的童年，父母将她当成公主般疼爱。母亲的离去让年仅9岁的她眼里骤然蒙上了阴影，而后的人生，只剩父女二人作伴。父亲做房地产生意，原本能够给她一个幸福快乐的人生。他倾尽所有，想要满足女儿的一切心愿。还曾许诺，要送一辆法拉利作为18岁生日礼物。

真的到了那一天，父亲却病得很重，他挣扎着给她打电话，祝福，道歉，将这个许诺推到了明年。不久，父亲永远离开了她。

命运像大海，时而温柔平静，时而暴戾残酷。那时候，娄楠石想，也许人注定要九年一轮回。九年后，27岁的她又将迎来怎样一副光景。她在心里暗暗答应父亲和母亲，一定会好好照顾自己。

父亲就像一个巨人，扛起她此生最无忧无虑的时光。只是，这之后，她注定要一个人走。幸好，她生性洒脱乐观。她念艺术系，却渴望做个成功的生意人，像父亲一样，撑起一个家。19岁开始，她学着如何生活。她倒腾过古董，也卖过服装，还开过传媒公司。尽管忙得团团转，心里却总有一块地方填不满。

独处之时，突然想起奇异果的香味。那些年为了挣够学费，她给农场主打工，放牧，挤奶，采摘奇异果。此时，那些浅淡的浓郁的香让她魂牵梦绕，思念不已。娄楠石看起来爽朗不羁，骨子里却敏感细心。一种味道牵引出另一种味道，童年时，母亲发梢的芳香，父亲身上稳重的气息，印花被子上阳光的味道都被她郑重收藏在了记忆里。就在那一刻，她突然意识到，气味原来是记忆和情感的串联体。

嗅觉其实是对世界的珍贵探索，它留下的是一连串深入骨髓的关于气味的记忆。人世间五彩缤纷，又五味杂陈，因着某种气味，你记住一座城，因着某种气味，你爱上一个人，这是多么浪漫的事情。如果能够售卖阳光、气味、记忆和浓烈的感情，这份事业、这段芳香之旅是多么值得奋斗和珍惜。

娄楠石了解到，1994年，美国有两个男孩因着类似的想法，一手创建了Demeter香水品牌。克里斯托弗·布罗西斯（Christopher Brosius）喜欢将指甲涂成蓝色，克里斯托弗·盖博（Christopher Gable）则主张要将香水民主化。他们如热爱自己般热爱大自然，从花草果蔬，阳光雨露

中汲取灵感。西红柿的味道，葡萄酒的味道，菩提树的味道，还有蚯蚓的味道，布罗西斯和盖博采集着生活里奇异的甘甜，天马行空，随心所欲。

娄楠石奔赴美国，经过一番曲折，终于见到了布罗西斯和盖博兄

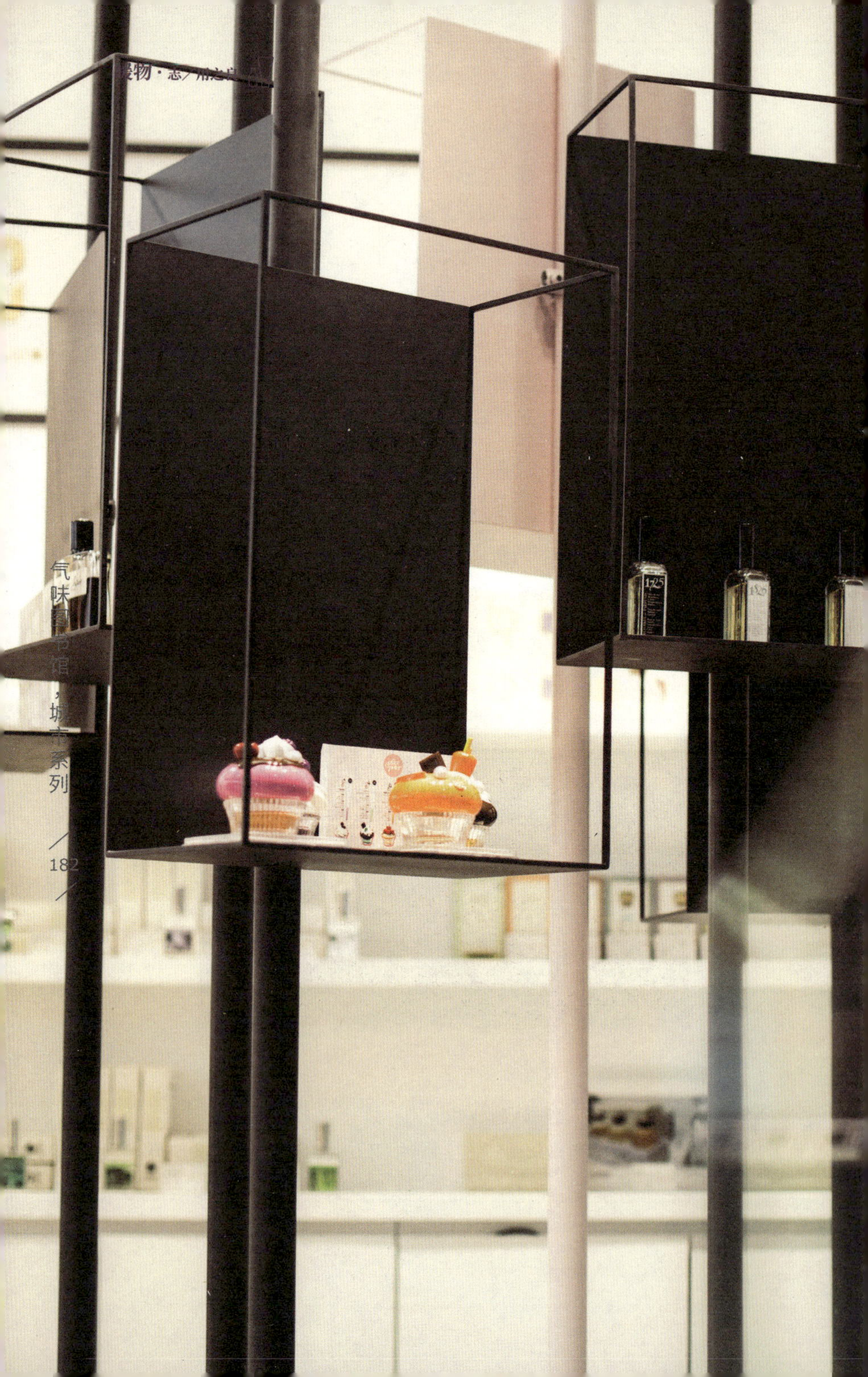

弟。几次长谈之下，娄楠石与他们结下了深厚的友谊。经过一番准备，2008年，娄楠石毅然回国，决定以嗅觉产业为起点，开启奋斗的征途。几年后，北京三里屯的那家气味图书馆让越来越多的人为之神往。

在那里，一些人找回了儿时的记忆，一些人嗅到了天堂的气息。一些人越发珍惜当下的安宁与美好，一些人对未来跃跃欲试充满希望。而我，则想去旅行。

气味图书馆，用气味串联人生

人生是一场苦旅，却由无数独特的气味组成：童年时候香草冰激凌的味道，蜡笔的味道，老式电影院的味道，夏日傍晚用肥皂水吹出的梦幻泡泡的味道，婴儿身上痱子粉的味道。忘不了的那么多味道，是因为心有牵挂，是因为心存远方。自从认识了气味图书馆，便更关心花草果蔬，更关心阳光雨露。

当孤独成了诗意的土壤，还好有清幽氤氲的香气

——emoi 基本生活，智能香薰音响灯

相信美好的事物是无国界的，好的设计是人们之间的情感纽带，融合先进科技与传统生活美学，致力于为人们提供简约设计、优良品质的产品，期待和大家一起分享简单、美好、可持续的生活方式。

——致读者的一封信

独处的时光里，藏着我们对人生的态度。从黄昏至午夜时分，一杯滋味浓郁的普洱茶，一方飘窗，一个能拥在怀里的抱枕，一本好书……简简单单，毫无负累，与自己坦诚相对。这样的时光，随着年岁的增长，愈发显得弥足珍贵。

偶尔会远眺窗外，天边的红霞渐趋隐没，明月清辉漫洒，或圆或缺。有时候淅沥的秋雨从傍晚一直落到深夜，会让我想起小时候在奶奶的小屋里，那些“留得残荷听雨声”的清静时光。

奶奶的小屋靠近池塘，六月起，整个池塘轰轰烈烈地绽开了大片大片的绿，那清圆水面、绿意盎然间，无数亭亭玉立、娇嫩粉艳的花骨朵。记得最清的，是那沁人心脾、深入骨髓的幽香，萦绕在童稚的世界里，怎么也闻不够。

想起了那股香，不由心里一动。也曾试着点过熏香，想在缭缭轻烟中寻梦，却归根到底无法勾起记忆里的那种滋味。后来想到了香薰音响

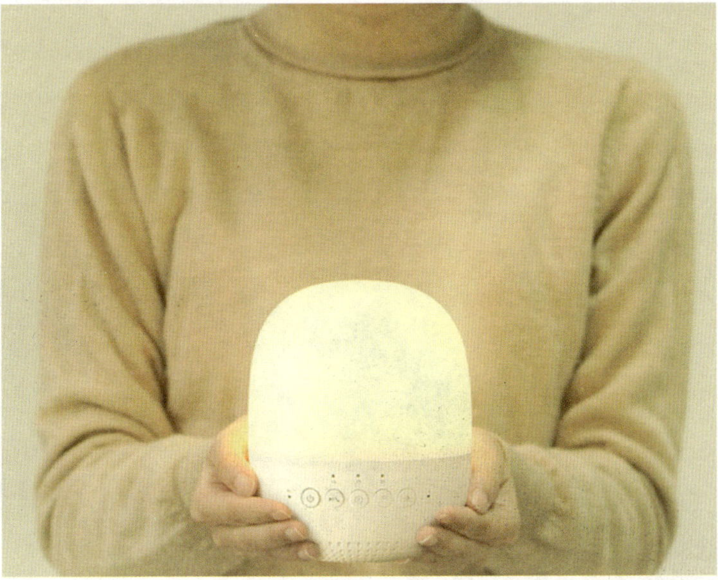

灯，寻寻觅觅，终于找到了基本生活出品的这款。

本不敢有太多期待，但伴着细微的流水之声，在那清幽氤氲的香气里，退去了成年人的盔甲，一夜好眠，好像回到了无忧无虑的童年。

品质，是无尽岁月里相濡以沫的陪伴

独处，隐藏着我们对人生的态度。有的人习惯了依恋与攀附，孤独便成了慢性毒药，足以将他的意志和耐心消磨殆尽。有的人平日里是一张绷紧的弓，独处的时光里反而显得无所适从。前者要习惯拔去长满心灵的荒草，学会与孤独共舞。后者要适当地给人生留白，有意识地去放缓节奏，享受生活。

来自记忆深处的芳香与温柔的灯光带来的是久违的愉悦，身心的放松。温润的水汽弥漫在空气里，清浅的音乐适时响起，时光慢慢走，每一分每一秒都沾染了慵懒的气息。在这样的氛围里，终于可以沉下心来追忆，那些年，那些人，那些事。

那些错过的、未错过的，那些正经历着的，抑或满心期望着的……夏初微雨，小荷翻腾，榴花开欲然。九月金黄，丹桂飘香，纤手破新橙。记忆一层叠着一层，纷至沓来，原来，一个人的黄昏与深夜，也可以这般厚重、精彩。

在这些独自一人的时光里，可以读书，可以冥想，可以写字。幽淡的香气与轻盈的水雾营造出的是一方如梦如幻的空间，在这里待得久了，身体会变得越发舒爽，甚至连血液似乎都得到了净化，毛孔变得清透。与此同时，灵魂亦越发轻盈，后脑勺难得的一片凉。这是思考的力量。沉思之时，安静得可以听得见叶落的声音。此时，在这自己构造起来的与世隔绝的领域里，不妨同自己说说话。想要什么，讨厌什么。期盼什么，憎恶什么。方向在哪里，彼岸又在哪里。糟乱的思维被捋顺，一切变得分明清晰。

人越是离原点越远，就越容易被世间万物拥挤。鳞次栉比，光怪陆离，可供的选择太多。在那一堆花花绿绿里，我选择纯粹，选择品质，选择听从内心的声音。品质好的智能香薰灯之所以能轻易打动很多人，原因无他，无非是因为它对心灵的那一份触动。说有用，好似也不那么刚需；说可有可无，却好像变成了身体的一处软肋，有它陪伴的时候总让人感到心安。

生活中的快乐从来不需要刻意去寻找。所有关于快乐的因素几乎都围绕在我们身边，唾手可得。偶然见到基本生活出品的智能香薰灯，就觉得这模样甚是可爱，外观简洁，机身乳白，娇憨圆润。香薰灯带来的那份宁静叫人沉醉，浸润的那方天地始终气度安然。它静静立在那里，不争不抢，水汽缥缈，香气氤氲。偶尔发出些微水流之声，除此之外，几乎与这个房间，与整个空气，与漫长的时光融成了一体。看得久了，甚至觉得它像那独钓寒江雪的智者。之所以产生这些略显荒谬的想法，大概是因为它始终安静，而人的心不容易静。

成人的世界里太多复杂迂回，弯弯绕绕。品质，是无尽岁月里的温暖陪伴。

总要找到一股清流，涤荡太过糟心的生活

热爱生活的人若是错过了基本生活，一定会觉得十分遗憾。基本生活的英文名emoi来自于“Emotion”和“I”。前者代表情感，“注重给人带来美好的生活享受”；后者代表“我”，尊重并信任每个个体的独立性和创新精神。

创始人一念之间流转而过的想法奠定了基本生活的概念。当初，他只希望为人们带来美好愉悦的生活感受，不承想，这个梦想依托着基本生活的诞生正慢慢地丰满羽翼、发展壮大起来。

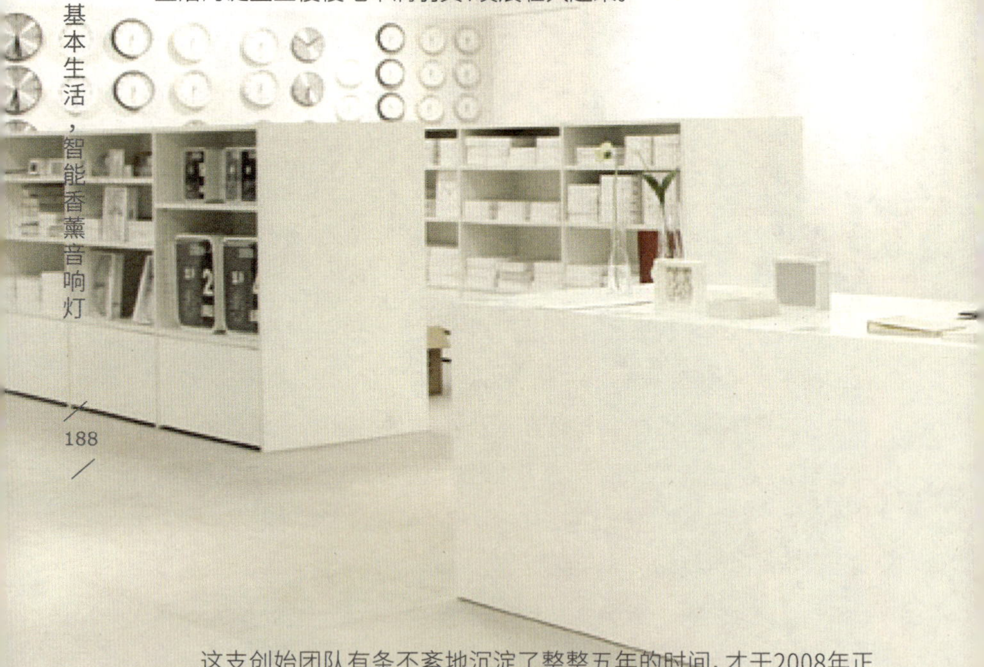

这支创始团队有条不紊地沉淀了整整五年的时间，才于2008年正式创立emoi基本生活。

多元、共融、分享，是emoi基本生活对所有用户的承诺。它将所有的时间和精力，都奉献给了生活中的边边角角，化身为一个个精致、温暖、

emoi 基本生活，智能香薰音响灯

亲切、精致的小物，装点着人们的房间，充实着你我的生活，绵延着时间的沙漏，挪移着岁月的沧桑。它使得生活越发有血有肉，越发有温度有态度，越发从容有力量。

经由emoi基本生活打磨而出的作品，都带着圆融温润、清冷灵透的气质。似是遍居山野，低调如兰，附带着清新的阳光和青草的味道，沁人心脾；似是深居海洋，自由如浪，散发着浓烈的碧海蓝天的气息，让人呼吸舒畅，胸中滞涩一扫而空。它们运用自然的力量去装饰普通生活，去改变既定人生。emoi智能香薰灯让人一遍遍重回儿时世界，引导浮躁的心在那静谧的时光里不停反思寻觅，直到终于遇到了真实的自己。

香薰生活，智能生活，居家生活等概念构成了emoi基本生活的全部，而emoi基本生活旗下的绝大多数作品，都有着同样的魔力。它们一样地材质柔软亲肤，观感简约流畅，带着浓郁的大自然气息。细细探究emoi基本生活的未来愿景，感受最多的却是它的初心。所谓emoi基本生活，本质是一幅错落有致的平凡生活画卷，将其徐徐摊开，在形形色色的繁杂俗物中，连缀着星星璀璨，凸显着点点光辉。有的人痛恨生活的拥挤和琐屑，emoi基本生活却用零零碎碎的品质好物让人生变得充实，变得充满意趣，与众不同。

当孤独成了诗意的土壤

何为基本生活？也许，有书有茶，有一方静谧天地即可。当一个香薰音响灯安安稳稳地立在角落里的时候，小巧圆润的它迅速织就了一片静默清心的空气。身处其中，人慢慢松弛下来，只好以坦然的姿态真诚地面对自己。

独处的时光里浸润着基本生活的魔力，简单朴素，温润充实，充满质感、张力和弹性。城市生活无一例外的喧嚣，目之所见，似乎处处都是盛景繁华。看得久了，才体会得出掩在繁华之下的粗糙、苍白与浮躁。忘掉喧嚣，不必总是去凑人世间的热闹。每个独立的个体都需要独处，需要沉淀。

当孤独成了诗意的土壤，一个小小的香薰音响灯便能满足生活最大的需求。它提醒我们的来处，温暖我们的现在，充盈我们的未来。

emoi 基本生活，智能香薰音响灯

emoi基本生活，智能香薰音响灯

着之道

PART5

身上的衣服配饰、手上的包、脚上鞋履，
无所谓是否奢品贵牌，而是能否同主人于
千万场合中进退自如。

披罗衣之璀璨兮，曳雾绡之轻裾

——清水溪·汉初，汉风服饰

汉服，起初并没有这一个概念，后来渐渐被人传诵。喜爱汉服且致力于汉服运动的人们总会称彼此为“同袍”。“岂曰无衣？与子同袍”，多了几分悲壮。清水溪，从彩绘到刺绣，从国画到书法，在汉服的大道上缓缓前行。对于汉服，有人笑有人骂，引来纷争不断。

你问我为何做汉服，为何坚持做汉服？清水溪找不到那么高尚的理由，也不愿意用虚伪的高尚包装自己。做汉服，坚持做汉服，是因为汉服是美的，我们因循守旧，寻觅美好的汉元素传承。但我们也别出心裁，将汉服不便于生活之处进行改良，让它更具现代之美，希望你能喜欢。

——致读者的一封信

说来惭愧，在见到汉服两个字之前，我脑海只有“古装”这种称呼。年幼时跟着奶奶看戏，广袖衣裳美得惊艳，水袖一挥，心儿也就跟着叹了一口气；再大一些，学会了看连环画，从《三国演义》到《红楼梦》，泛黄书页上黑白的小人儿早已记不清楚，描着花儿的团扇，垂着穗的衣带却在睡梦中挥之不去；到后来，看起了电视，武侠电视里白衣飘飘的女主角，一个回眸惊艳众生。忍不住在家中拉上窗帘，身披被单，想象自己是那华清池畔娇弱的佳人，银盘之上翩然起舞的仙女。大概人天生就喜爱美的事物，尤其是那些精致而特殊、脱离现实、充满距离的美感。

近些年汉服不断出现在人们的视野里，人们开始正视传统的美，有人觉得是封建守旧思想的复辟，有人觉得是哗众取宠的噱头，有人将汉服当作是年轻人的cosplay，也有人将汉服的推广当作是民族文化的尊重。确实，中国的封建王朝源远流长，从秦汉到魏晋，从唐宋到明清，长达两千多年。在很长的一段时间里，我们厌倦了自己千年的文明，对西方色彩的美充满了好奇与热爱，将西方的时装设计作为标杆，将西式的穿着打扮判定为文明。诚然，那是另一种美，却是一种与两千年文明截然不同的美。

时间过得越久，热烈的心就愈加沉静，沉静下来的目光回望着脚下千百年的土地。从四书五经到四库全书，从深衣重领到褒衣博带，一代有着一代的美，即便是说上三天三夜也难以说尽。喝过很多酒，走过很多桥的湘西才子沈从文先生耗费心力编纂了一本《中国古代服饰研究》，西方时装界都为之震撼。所以，若要问汉服为何忽然回到了大众的视野，我想只能是因为美。

汉服只是一个统称，不同的朝代对服饰也有着不同的形制，许多在今天已经不再适宜。初识清水溪·汉初，被这个清雅又熟悉的名字所吸引，乍一看像是自家故乡的一道无名小溪，读来又有些古色古香的意

「孔雀东南飞，交领绣花上衣」

韵。当年的汉服还没有今日这般火热，若想穿一些古风的衣裳，只能自己同镇上有十多年手艺的裁缝师傅讲。可是裁缝师傅做过最传统的衣裳也就是旗袍，再要久远的，他也实在不会。偶然间寻得一家制作汉服的小店，那便是“清水溪·汉初”。之前遇到的店家，追求原汁原味的传统气息，反而显得古板而不切实际；抛却传统的精髓而刻意标新立异，似乎又有些轻薄可笑。最好的传承是寓新于旧，既有古之美，又不乏今之美，而清水溪正和我想的一样。

古有乐府双璧，是《孔雀东南飞》与《木兰辞》。每读《孔雀东南飞》都忍不住感慨男主角的无能，惋惜女主角的苦痛。“著我绣夹裙，事事四五通。足下蹑丝履，头上玳瑁光。腰若流纨素，耳著明月珰。”通身的气度与精美，为这个灰色的故事披上了一层精致的轻纱。

“孔雀东南飞”这一件上衣，灵感便源自焦仲卿的妻子，交领形制，内外双层。衣料用的是雪纺与丝麻：雪纺轻薄透明，入手柔爽而有弹性，

「桃花源，双层绣花半身长裙」

外观清淡素雅，飘逸而不失庄重；丝麻透气轻盈，天然麻织物的外观，风格极具古韵。衣间绣有银灰色线条孔雀图案，流畅细腻，色彩淡雅而不夺目，朦胧虚幻，缥缈出尘。

东晋末的五柳先生陶渊明，一篇《桃花源记》名垂青史。“忽逢桃花林，夹岸数百步，中无杂树，芳草鲜美，落英缤纷。”桃花林，世外桃源的入口，质朴天然的人间仙境，许多人终其一生在求索这传说中的桃花源，而人间仙境却是可遇而不可求。纷纷落下的桃花花瓣，随风飞逝的桃源仙境，遍寻不得的理想家园，清丽脱俗的人生境界。

“桃花源”这条半裙是现代的形制，细节极为精致，为了贴合腰部而在后腰安置了松紧带，侧边是隐形拉链，穿着方便简单。衣料用的是棉麻绉，古代平民不能衣锦绣，故穿着棉麻者称之布衣。棉麻虽属粗布，却是最适合的贴身纺织品，其质地柔软、冬暖夏凉、通透性特好，颜色素白淡雅，触感轻盈柔软。裙间绣的是桃花落英，仿手绣的工艺，绣线色彩灵动细腻，针脚细密平滑，步履间但见花瓣若隐若现，温和娴静。

“南歌子”的灵感来源于温庭筠的南歌子词二首，最为人熟识的那一句“玲珑骰子安红豆，入骨相思知不知”。相传古代有位少妇，因思念出征战死于边塞的夫君，朝夕倚于门前树下恸哭，泪水流干了，眼里流出了血，血泪染红了树根，于是就结出了具有相思意义的红色小豆子。

「南歌子」

高大的绿荫，藏在绿枝间的红色种子，墨绿色成为南歌子的主色调，带来树荫深处的清凉幽远，左肩处是刺绣的绿叶红豆，仿佛入骨的相思情结。柔软的丝麻面料，亲和温柔，样式是传统的对襟上襦却毫无距离之感。一件再日常不过的外衫，搭配各种夏季服饰都显得宜家、宜心、宜人。若是不喜欢太过传统的汉元素服饰，南歌子一定是不错的选择：利于搭配的墨绿色，简约的款式，宽松百搭的版型，精致的做工与舒适的面料。它如清风徐徐自来，如红豆树盛开。悠然自在的气质，小家碧玉的亲和，使得南歌子成为顾客交口称赞的佳作。

拂面溪风洒洒清，轻衫短帽御风行

清水溪的出现，用一个字形容是“巧”，用两个字形容是“不易”。绘画不是专长，买卖不是本职。为什么做汉服？自然是因为美，美得爱不释手，美得倾尽全力。起初是业余的手绘作画，在白布鞋、布袋上勾勒几笔喜爱的图案，并不是特意为了兜售，仅仅是作为一个“不务正业”的小爱好。恰好有人喜欢这份手绘，又巧合地提起汉服，听音、微蓝夫妇二人饶有兴趣，便辞去正职，专心地“不务正业”起来。

“汉文化复兴初萌，汉元素值得一试。”粉丝简简单单的一句话勾起了微蓝心底的涟漪，做汉元素的衣物，在当时是个登幽州台的事，前无古人后无来者，只觉得巧合觉得有缘，不如就朝着汉元素的方向走一走。说走一走太轻巧，殊不知两人当时忙得团团转，恨不得变身千手观音，光微蓝自己就得集店主、画师、设计师、模特于一身。越来越快的发展速度让夫妻二人越发感到吃力，于是便开始找合伙人。

两夫妻马上就张贴了启事，巧合的是临近的姑娘恰好寻觅工作，大家一拍即合，三人便开始一起专注于汉服创业。

首先是取名，凡事出必有名，名正则言顺。几经商议，三人决定将店铺名字定为清水溪·汉初。“清水溪”一词来自主人对幼时乡间小溪的怀念，而“初”字在《说文解字》里解释为：“初，始也。从刀从衣。裁衣之始也。”正好就合了制衣一事。

起初从小处做起，对一些小物件进行彩绘。绘画用国画颜料，但衣物上却不适用，国画颜料易脱色且效果不佳。几经思量转用丙烯，但丙烯材质坚硬牢度不足，化合原料又有碍健康，历经探索才最终选定纺织专用颜料。此后是漫长的调配制作，日趋完美的彩绘演绎。光有彩绘是不够的，绘画可以展现美，但汉服中亮眼的特点是刺绣，刺绣与绘画有着共通之处，在汉服中添入刺绣，算是一项全新的突破。

历史是在不断演进的，不适宜日常生活的部分被一点点改良，而美的部分被完整地保留。不管是形制还是刺绣，清水溪的汉风服饰都透着一股崭新的美，寓新于旧，兼容并包。从版型的改良、面料的优选、手绘的坚持、刺绣的融入，到古典诗词的意象、国画书法的高妙皆融于其中。

如今，汉服迎来了自己的复兴，制作、出售汉服的店铺比比皆是。竞争者不断出现，抄袭、仿制也随之而来，但是那又如何呢？清水溪依旧做着自己的设计，寻访着自己独特的汉元素，将汉服一点点改良，将古之美与今之美轻轻揉作一团。

披罗衣之璀粲兮，曳雾绡之轻裾

人们常说民以食为天，但偏偏古人总说衣食住行，“衣”在首位，为百事之首。“衣”在古人的心中有着极为重要的地位，也许你不知道，“华夏”二字原本指的就是衣裳，“冕服华章曰华，大国曰夏”，我们原本就是衣着华美的大国之后。

读过曹植的《洛神赋》之后再难读下别的赋文，洛水仙子的曼妙身姿在骈骊对仗间跃然纸上，“ 披罗衣之璀粲兮”“ 曳雾绡之轻裾”。美人之所以美，多半是美的衣着衬出了人的美，汉服原本就有着衬人之美的精髓，不同形制的衣裳带来不同的美感。从颀长高雅到端庄秀美，从隆重热烈到轻便娴静，从曼妙轻盈到层叠错落，汉服和汉文化一样，历经千百年的岁月积淀，在每一个时期都有着大放异彩的美。汉服是探索不尽的美，美得森罗万象。只愿有朝一日，汉服出行不再被人侧目，汉服之美成为人人目所能及的身心赏悦。

「打开淘宝app扫一扫」

清水溪：汉初，汉风服饰

一锤一錾，一念一生，岁月慢悠悠说着故事

——红银，盛放的牡丹

红银的红，是中国红的红。红是最平常的颜色，中国红却非同一般，这红是流动的血液，如火如荼的理想；也是冷却的火山，孕育着汹涌的力量。红银的老师傅说，制作银饰，得慢工出细活，看的是基本功。慢，是红银的根基和态度。它愿意匍匐在这慢悠悠的生活里，与相遇的每一个人细谈理想的炙烫。若奋力修剪人生的态度，只剩下冷与热，快与慢，一切将简单得多。红银就很简单。红银念物、惜物，用银镌刻时光，与风和谐相处。

——致读者的一封信

国人自古便有穿金戴银的风俗习惯。那年月，村里的姑嫂婆媳若得了银首饰，必定十分宝贵，白灿灿的耳环镯子戒指，平日里拿绸手帕层层包好，收在柜子里。逢上了大节小庆，或是哪家小子娶亲、闺女出嫁、小孩办满月酒，妇女们便撂下了锨锄，放下了苗禾庄稼，梳髻更衣，从柜子深处搜罗出首饰，郑重戴上，精心装饰，面上难得的红艳，周身喜气洋洋。

那时候，老银匠挑着担子穿街走巷，叮叮咚咚，节奏悠扬。老银匠面目严肃，不善言谈，自有一派老手艺人的谨慎、妥帖和周到。坐在呱呱叽叽的婆姨们中间，架好了器具，戴上了老花眼镜，老银匠一边敲敲打打，一边耐心地应和着周遭人的询问和玩笑。不多时，断掉的戒指焊上了，面目一新。搁在老时光里氧化变黑的银镯子被擦拭得光亮亮。家里的长辈请老银匠打只银锁，说要早前的式样，老银匠点点头，说，小孩儿戴上，寓意着长命富贵，一生平安。

迄今，我还留着这只银锁。它老旧，简朴，却又厚重，大气，因着多年的珍视，光亮如昔。这些年来，时光转得飞快，浮华喧嚣日盛，怀旧倒成了主题。欲望、名利、攀比，凡此种种，都是放不下的执念。奇怪的是，人心装得再满，也能留一线空隙，去盛放往日的温情。人们寻着老街、老店、老手艺，嗅丝丝铜锈的气息，在一片叮叮咚咚中，获得欢愉和宁静。

遇上红银方知，相逢从来不晚。簪、镯、扳指、手链，精雕细琢，千锤百炼，每一件都独一无二。尤爱一只银镯，名曰盛放的牡丹。它让我想起幼时那位穿街走巷的老银匠，手艺略有差别，匠心如出一辙。银镯上的牡丹，最终盛放在手腕之上。渐渐的，红银成了老朋友，闲暇时候便去挑选一番。

用岁月錾刻，在时光里精雕细琢

中国人偏爱银饰，也偏爱牡丹。银，曾代表一种文化现象，绵延至今。牡丹，向来是文人骚客讴歌赞美的对象。红银便在这片丰美富饶的文化土壤上，亲手摘下一朵朵牡丹，种在银饰之上，刻雕纹路，精磨细节，以漫漫时光作为诚意，千锤百炼之下，才得了这一只只手镯。

手镯抢眼，在于其繁复的镯身，在于其出色的银质。红银的主人说，银质不难查探，有经验的人自有一套方法。对于不熟悉银饰的人来说，可看颜色，掂重量，听声韵，闻味道，经过这些步骤，大抵会对银质了然于心。曾将这只盛放的牡丹置于手心之上，低头轻嗅，无甚异味。细细观察其颜色，润泽有光，均匀发亮，因着复古做旧处理，纹路间有淡淡的黑色，别有韵味。且镯身不轻，触手温良，显然有一定的分量。将其轻轻抛在桌上，只听啪嗒一声，听起来闷。按照红银主人教我的方法，试过一条，便点一下头。

老工艺使得这只银镯沾染了过往时光的气息。镯身满雕，花纹饱满，繁而不乱。三只牡丹相携相拥，如火盛放。叶片、花蕊、花瓣，错落有致，栩栩如生。红银的老师傅做银镯，心思都淬入了时间里，每一分每一秒，都需要专心致志。化银、捶打、錾刻，再一点点雕刻出精细的线条、纹路，最后编织成型，清洗抛光，或做各种特殊处理。红银的老师傅，不理会商业社会的各种明暗规则，向来由着性子，慢条斯理，屏气凝神，侍弄着手中的银饰，直到牡丹盛放满镯，无愧于国色天香的美誉，才会满足地叹一口气。

时光经过红银，最终慢了下来。牡丹便在这银上从容地生根、抽芽、结苞、绽放，如火如荼，又带着幽远的力量。这美明明耀眼灼目，却又隽永含蓄，它被一朵朵摘下，盛放在一支支洁白优美的手腕之上，好似活了过来。

一程山路，辗转流年

红银的红，是中国红。老赵以红作为手作事业的开端，是取其渊博广阔，别有古韵之意。老赵爱思考人生。这些年来经历芜杂，纷纷扰扰，风风雨雨，一时竟不知从何说起。好在，他一直都是自由自在的。走南闯北，听风赏云。2008年的时候去大理，不知怎的，就在一个小山村里悟到了些许人世间的道理。大概那儿山格外高，水格外清，让心也格外静。一念成痴，慢慢的，就有了红银。

年轻的时候奋斗在繁华热闹的都市，后又为了生活几经辗转，忙碌奔波。老赵未曾想过，有一天，他会在宁静山村的夜晚，伴着那静谧单调的叮叮咚咚安然入眠，又被雨打窗棂的声音催醒。白日里，身影被阳光渐渐拉长，那是一种沉凝悠远的慢生活。而这种慢，与红银息息相关。红银的老师傅将一生的风霜都化为了掌上的赤诚，一点点锻打，再淬火，将银子烧至赤红。老赵在一旁看得入迷。

年轻的时候总喜好新鲜的一切，年纪越大，却越为历史的古朴着迷。老赵做红银，是为了将生活的慢与雅寄托于那一件件精致绝伦而又古色古香的银制臻品之中。老师傅们为了打制出满意的银器，几乎花了一辈子的心思，日复一日的叮叮咚咚，便贯穿了生命的始终。有这般匠心，才能出珍品，而只有这般珍品，才能传承入世，将时光永久地留存。老赵做红银前，曾走过一段曲折的路，之后，总算知晓了慢下来的可贵。这得从头说起。

少年时，老赵痴爱传统文化。四书五经六艺，灯谜射覆酒令，都令他神往。他苦练书法，父母说，可以磨炼意志，宁神静心。只是，少年人血是热的，还未见过世界，还未经历人生，轻浮急躁便刻印在了骨子里。年轻的他蠢蠢欲动，对未来充满野心。2006年去江浙，做移动互联网，接触到最时兴的文化。也做过销售，尝试着和不同的人面对面交谈。

2007年，老赵匀出了半个月的时间，去看桂林的山水，吃阳朔的金橘，一路走走停停，心里满了又空。2008年，他开始一个人的创业，去重庆开个小店。虽没赚到什么钱，倒也没过多遗憾。2009年，迫于生计，老赵跟着一个朋友去卖电器，辗转于贵州、云南、四川、重庆，在宁静的小镇，遥远的山村间留下了身影和足迹。2010年，继续漂泊。中途去过云南大理、鹤庆、新华村，因着山高水清，他心里感触莫名，他第一次想要静下心来做点东西。这个念头像一粒种子莫名落到了他的心里，静静等着抽芽壮大的时机。

然而就在那一年他还差点当了矿工。亲戚家筹备着开铁矿，要他过去帮忙。他坐着客车，颠颠簸簸，到了一个小县城。转车，继续颠簸了两个小时，再下车走了一个多小时，总算到了那地方。就在那儿，老赵做了半个多月的苦力，成天拿着铁锹去铲土。

少年时候他看书写字，充满理想。如今他喝酒沉睡，闷头做事。他问自己，人为什么活？却始终说不出什么道理。他老爱思考这些虚无缥缈的问题。记得那些年他特意去西北待过一个月，为了寻根访祖，不断流连于农家院门。那段时间他断断续续看着一本《万物简史》，喜欢一个人闷着胡思乱想。还曾从甘肃走到内蒙古，在鄂尔多斯一个县城的公园里看到一群从甘肃过来打工的人，他们满脸的风霜，拖着棉被、锅具、水桶、衣架，几乎将各种琐碎的家当一股脑带了过来。他们甚至带了一包包土豆，似乎在路上随便一个地方就能立马扎营，开火吃饭。

眼眶里有微微的湿润，他已不再是那个幼稚的少年。如今的他，见过太多人间的沧桑。走了那么多路，见了那么多的风景，老赵有点疲倦。他想歇一歇，于是又一次去了大理。正好有个老朋友在那边养兔子，他提着礼物去拜访。朋友过得挺悠闲，他们一起割草、喂兔子、吃饭、聊天，老赵突然明白了什么是岁月静好，这种慢悠悠的生活让他艳羡。

新华村离朋友那儿不远，他听说村里的银器挺好。临走前去看了看，想要为正过八十大寿的外婆挑选一件合适的寿礼。一看之下，便动了心。创业的这些年，老赵也曾做过银饰的生意，却从未接触过这般淳朴踏实的手工艺人。老银匠们守着一家店，守着手中的活计，在叮叮咚咚的单调声响里，粗茶淡饭过了一生。他心里顿时涌起了一个强烈的念头，他想将这手艺传承下去，将珍品传承下去，让这种慢悠悠的生活被人们所看见。

那是2010年开春的时候。那天晚上老赵坐火车回家，考虑了一天，跟家人说，他想回到那里，开辟新的生活。于是便有了红银，于是便开始了真正的人生。

打磨银器的时候，像是在打磨自己。对于老赵来说，这是无比幸福的事。那么，究竟什么是幸福?老赵说，快乐是最重要的事情，而幸福是当下的点点滴滴。天下熙熙，皆为利来。心有名利，便始终痛苦。忘了名利，才能谈幸福。人生在于经历，慢下来，关注手里的活计，关注脚下的路，关注身边的风景，在那叮叮咚咚之中慢慢打磨自己，渐渐便会知晓，什么是幸福。

一锤一錾，一念一生，岁月慢悠悠说着故事

曾探访过一座座老城、古镇、小山村，在淡淡的霉旧的气息里，盼着能寻到一些过往的时光。想起从前那老银匠，曾就着煤油灯昏暗的灯光，举起老锤敲敲打打，白天则挑着扁担，扁担两头载着破旧的小箱。箱子里装着镫子、錾子、锉子，装着慢悠悠的日子和沉甸甸的念想。旧人、老街、银匠，都被冲进了时间的洪流里，而岁月正缓缓向来客说着一个隽永清新的故事，值得刻骨铭心，永念深藏。

「打开微信扫一扫」

包藏挚心，包罗万象

——伊米妮，印第安&里约系列

总会有人问，女人为什么喜欢包？那是因为，包里蕴藏着一个女人对生活的态度。成千上万的米粉（“米粉”是伊米妮粉丝的昵称）结缘于伊米妮，她们来自不同的国家，成长于不同的文化背景，从事着不同的工作，相同的是，对时尚独到的触觉和感悟、对生活不息的热情与挚爱。执着于真皮艺术的伊米妮，不仅希望能以精致的设计与对细节的无限苛求来帮助女人找到与之心灵契合的包，更希望能通过包和大家一起分享生活中的点点滴滴。

——致读者的一封信

我的一个闺蜜最近变得有些鬼鬼祟祟，两眼不离手机屏幕，还时不时会发出笑声。问她也不解释，总是一副讳莫如深的模样。几天后，听其他闺蜜说起曾碰到她火急火燎地冲去火车站，我们几个人马上想到，这家伙莫不是有了情况，难道有男朋友了？八卦的我们怎么会放任她发展地下恋情？很快，我们就把她约了出来，开启了“拷问”模式。

然而没想到，真相却是这个对着屏幕傻笑了几日的女人，去火车站接的竟只是一张生日贺卡。

她看我们一脸茫然的样子，扑哧一笑，接着把整个事

伊米妮，印第安&里约系列

情的来龙去脉给我们细细说来。

原来她们是在策划一个给伊米妮的惊喜。从3月15日开始，新加坡的米粉亲手画了一个生日蛋糕，然后传到广州的米粉处，一场华丽的接力从这一刻开始了。它涵盖了中国35个城市——每一个人都在焦急地等候，在收到画的第一时间签名，写下祝福，接着传递给下一个人，历时40余天，最终于4月24日送到了伊米妮的总部，而这一天，恰好是伊米妮12岁的生日。

“原本一开始只觉得是一件有意思的事，但最终看到那张满满都是签名的贺图时，真的会忍不住想哭。”闺蜜说这句话的时候，脸上表情有些害羞，但更多的却是骄傲。我不由自主地被这种爱所感染，也让我忍不住想要去一探究竟，这一探，竟探出了一个全新的世界。

“包”罗万象的女人心

女人为什么爱包？每个女人都有一个自己的答案。包买多少都不够，不同的心情、不同的场合、不同的打扮、不同的天气都需要不同的包，尤其是精致而独到的包。达人们叫嚣着说“女人与时尚之间只差一只包”，但真爱包的人不会这么说。包不仅仅是冰冷的时尚，它有温度，它装着美和情趣，它装着心情与记忆。

也许你喜欢爱马仕热衷蔻驰或是沉迷香奈儿无法自拔，但这些高贵冷艳的包从来都无法满足女人的心。女人的心是纤细而多变的，大多数设计师试图去呈现女性的纤细、多变却总无法彻底征服女人，归根结底在于设计师站在时尚的高地，用自己专业的眼光睥睨各式各样的女人。

包应该是这样的吗？很不幸，大多包都是如此。当然也有例外，它有温度、有情怀、有挚心，它叫伊米妮。对于伊米妮来说，它的设计师就是三百万的米粉，她们，在人际中游刃有余，在事业和家庭之间懂得平衡；

「印第安系列」

她们注重外在，优雅从容；她们考究内在，讲究品质，自信自我。伊米妮将设计的话语权交给了万千的精致女人，让她们做出最忠于自我的选择。纽约、巴黎、米兰，时尚的花园里即便争奇斗艳，米粉们却更喜爱极具个性张力艺术的伊米妮。

就比如说，伊米妮的印第安系列和里约系列。说到印第安和里约所在的南美洲，当欧洲游历者第一次踏上这片土地时，原始的南美文化才揭下了神秘的面纱，印第安文明、玛雅文明，原始而未知的力量在漫长的时间里影响着人类生活的方方面面。如果说巴黎是时尚的顶峰，精致艺术的典范，那么南美是热烈的象征，浓郁情感的代表，这一切都成了印第安系列与里约系列的灵感来源。

印第安蕴含着神秘的原生文化、浓烈的异域风情、瑰丽热情的味道。羽毛项链、图腾印花、缀满流苏的长靴和披肩，充满着鲜明的异域风情，印第安独有的部落面具，正是此种美与风情的集中体现。经典的盒子包造型，搭配源自印第安文化的绚丽色彩，流苏、皇冠式的羽毛、伊米妮标志性锁孔点缀成小元素，拼合成宛如印第安面具的趣味造型，便有了这组印第安系列。顺滑的拉链搭配、不硌肩膀的暖心设计，处处流露

「里约系列」

出伊米妮的细腻贴心。

与印第安系列不同，里约系列更加生机勃勃，里约的美是清晨的大海，欢闹而壮阔；是夜晚的篝火，热情而深邃。桑巴舞者们身穿华丽的舞服，佩戴斑斓的头饰，狂欢旋舞，而桑巴的活力与热情奠定了里约系列的基调。异国风情编织成流光的岁月，在漫漫光阴里锤炼成形，画纸上清浅的线条与色彩变成了手心里真切的触感与温度。

秀场中大热的手拎小包，伊米妮用经典的里约元素赋予异域情调。41片裁片的精细用材，使得灵动的里约波普形象仿佛在包身上跳跃，随性活泼而不失精致的大牌韵味。别看它外观小巧，内涵却很丰富，可以装下日常出行的多种物件。

伊米妮的“米”，是包藏挚心的“米”

伊米妮是什么呢？不只是一个品牌，它还是一个真皮艺术的典范，是一个精致女性的集聚地，是与心灵契合的伊甸乐园。让人感到惊喜的是，在加入伊米妮的同时，还拥有了一大群气味相投的伙伴，那就是亲爱的米粉们。她们每天在一起分享生活中的点点滴滴，说不完的悄悄话、诉不完的苦恼、聊不完的八卦，一起健身、跑步、做早餐、摄影……线上和线下的聚会、活动每个月都要有那么几次，最重要的是一起为伊米妮的设计出谋划策。在伊米妮的世界里，每个人都不会是孤身一人。说不清是爱伊米妮的包多一些，还是爱伊米妮的米粉朋友多一些，更或许这都可以归结为——爱这个更好的自己。

精致是伊米妮坚持不变的艺术追求，它源于生活而高于生活。这一切都得由一个叫小米的姑娘说起。

一个不经事的女孩，青春年少，敢拼敢闯，喜欢软萌的动物，好奇未知的一切。大二那年，她在宿舍里养了一只可爱的小狗。与小狗相伴的美好时光，没过多久就被宿舍阿姨的明令禁止打破。无奈之余，小米想着一定要给它找个好人家寄养起来。那个时候，网络平台刚刚流行，她抱着试试看的想法在淘宝挂出了信息，没想到没过多久，一位浙工大的老教授联系上了小米，给了小狗一个安稳的新居。也正是这么一段有趣的经历，让小米对淘宝有了最初的认知和浓浓的兴趣。

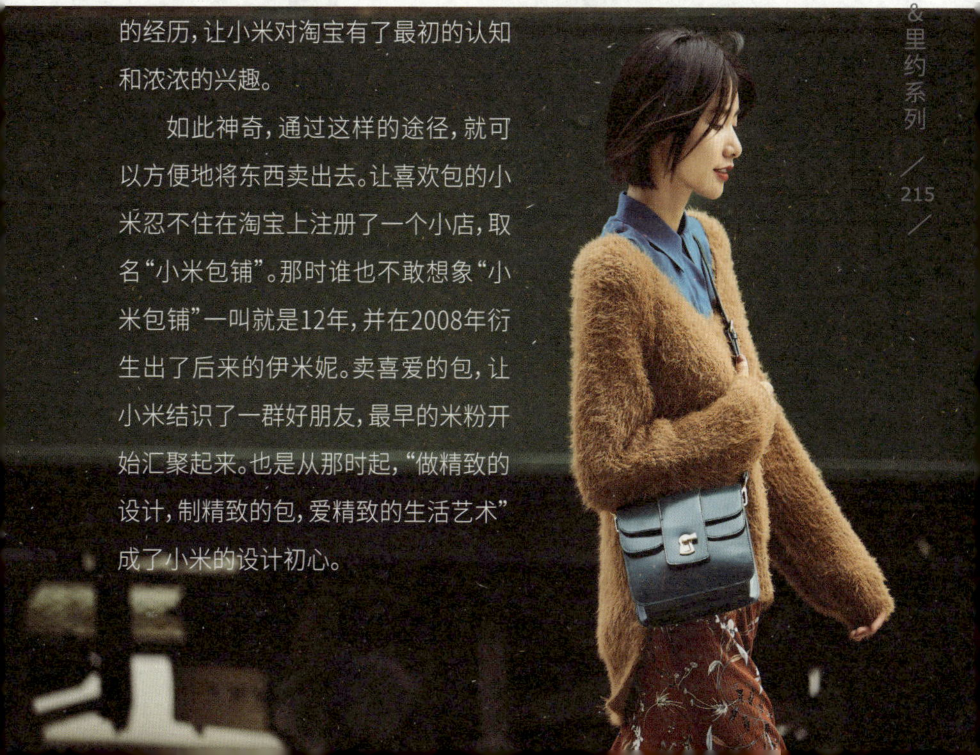

如此神奇，通过这样的途径，就可以方便地将东西卖出去。让喜欢包的小米忍不住在淘宝上注册了一个小店，取名“小米包铺”。那时谁也不敢想象“小米包铺”一叫就是12年，并在2008年衍生出了后来的伊米妮。卖喜爱的包，让小米结识了一群好朋友，最早的米粉开始汇聚起来。也是从那时起，“做精致的设计，制精致的包，爱精致的生活艺术”成了小米的设计初心。

伊米妮，印第安&里约系列
／216／

对时尚与美的坚持，精益求精的细致要求，从“做百年精致手袋”到“真皮艺术家”，伊米妮成为这个时代里精致女性的共有情怀。你可以不爱香奈儿、不屑LV、不买爱马仕，但你无法拒绝拥有伊米妮。

原创真皮女包艺术不如想象的那么简单。在中国，一个原创品牌的平均寿命仅为2～3年，伊米妮却分外坚定地走了9年。在米粉的眼中，伊米妮与米粉一同成长，承载过她们伤心或美好的回忆。2012年，店铺7周年的时候，远在海外的米粉寄来了代表她们心意的礼物。她们说，在异国他乡的日子里，伊米妮是最亲密的挚友，陪伴她们度过想家的每一天。这些礼物，有用伊米妮经典包组成的连连看小游戏，有伊米妮专题的网页，有小米一家三口的幸福画作等，每一样都代表着米粉的真心祝福，这些祝福是伊米妮源源不绝的前进动力。

包藏挚心，包罗万象的女人心

有人说，政客迷恋权势，男人迷恋车，女人迷恋包。女人的骄傲、精致、完美，都包罗在不同的包里，晴天、雨天，心情好、心情坏，一看包便可知。而女人的心思只有女人懂，拥有相同品位的女人更容易成为知己，伊米妮对于米粉来说不仅仅是一家卖包的店铺，更是一种精致生活的方式。

生活的方式有很多种：有人为了孩子放弃工作；有人为了婚姻放弃独立；有人即使生活艰辛也不放弃追逐梦想；有人与生活搏斗得一身凌乱却依然斗志昂扬。你是选择向麻木的生活低头，还是昂首挺胸地精致完善此生？

生活的改变有时候不需要豪言壮语，不需要远走他方，有时候你只是需要一个神秘花园，离开外面世界的琐碎纷杂，在这里感受友人的暖意与祝福，获得勇气与毅力，然后直面所有。这一种改变叫——伊米妮。

当一双鞋灼烫了理想，你要有成为焦点的觉悟

——烫，社交女鞋

人一生大约会认识超过3000人，或许某几个人就彻底改变了你和你的人生。

从踏入社交场合的那一刻开始，你就应该成为被关注的焦点，不允许出现一丝差错。

你需要一双好鞋，因为你有很多人要见。

——致读者的一封信

多年前，母亲送我去上学。那时候，夏日的清晨安谧而宁馨。犹记得阳光温煦，树影斑驳。知了趴伏在高处，又要开始热闹的一天。

母亲一直将我送到了校门口，微笑着摆摆手，转身走入了人群里。她穿着一双高跟鞋，大步流星，穿过清晨的风和阳光，穿过车水马龙，整个人轻盈而坚定。母亲的裙角被风微微卷起，那背影一直鲜活在记忆里，似是在发光。

那双黑色高跟鞋托起她纤细的身姿，托起她的骄傲和倔强。

长大后，也曾遇见过很多精致的女子。衣柜里拥挤着无数条长裙，任何天气里都唇色鲜亮，长发飘扬。却很难碰见记忆里的那双高跟鞋和那般自信、轻盈的背影。母亲一生刚强，她说，行走在人生的道路上，切忌瞻前顾后，更不要畏畏缩缩。要永远记住，你是独一无二的。

因为不够自信，便总怀疑自己走路的样子不如母亲好看。直到后来遇见了“烫”。至此，双脚好像有了归宿。

不流俗不盲从，一路行走一路歌唱

烫告诉我们，你需要一双好鞋。因为你有很多人要见。

一个宇宙，九大行星，七个大洲，五个大洋，二百二十四个国家，如此庞大而辽阔的世界，如此漫长而纷杂的人生。你我原本都是人世间不得不如履

薄冰之人，却偏偏想要一路行走一路歌唱，弃了那碌碌无为的生活，护着那火树银花的理想，固执地想要"烫"一下时光。

很小的时候，就梦想着要拥有一双独一无二的高跟鞋。它无须奢华，却拥有独特的态度。它不必绚丽，只需彰显低调的质感。烫一手打造出的社交女鞋完美地切合了幼时的梦想，以至于一见到它，便爱得深沉。

它很秀气，羊猄材质，质地轻薄，表面柔软得像绒。尖头、细跟、浅口、纯色，简约流畅的时尚观感，值得品味的悠远气韵，在这款鞋身上达到了奇妙的统一。如果一定要将社交女鞋的气质进行分类，不由私心地想将它划归为腹有诗书气自华这一类。胸藏文墨，心有沟壑。真正的美不仅仅只有炫目夸张，还有细水长流。而之所以被称为社交女鞋，是因为穿上它的时候，你要有成为社交女王的觉悟。

烫的理念是坚韧和坚定。绝不流俗，绝不盲从。穿着这双拥有特殊质感的高跟鞋站在人群里的时候，萦绕在周身的，一定是那种稳稳的气场。它的那种特立独行的质感和气场，不尖锐，不浅薄，不先声夺人，却温柔沁润，氤氲飘扬，细观之下，更是溢彩流光。社交女鞋的另一个特质，是舒服。绵羊皮的内里，用料扎实，触感惊艳。可见，它美在外表，也在灵魂。

你需要一双好鞋，因为你有很多人要见。人这一生，认识的人或许有三千多个。他们中，有的会成为贵人，在雾失楼台月迷津渡之时，为我们驱散迷障指点迷津；有的会成为至交，在无数个黄昏深夜与我们促膝长谈默契碰杯；有的会成为伴侣，珍重收藏生活里的每一件小事，盼着琴瑟和鸣并肩同行。

你永远不知道下一刻会碰到谁，亦不清楚人生会在何时被改变。唯一能够做的，就是精心准备好每一次的相遇，保持警惕，巩固独属于

自己的美，修炼独属于自己的不凡气场。从踏入社交场合的那一刻起，你就该准备好成为焦点，而至关重要的，是拥有一双好鞋。它衬托的是你风姿绰约的身段，凸显的是你百里挑一的品位，彰显的是你灼烫滚热的理想。

听，那啪嗒啪嗒的声音正穿过热闹的人群，走在寂静的青石板上。那声音伴着你走过了流火七月，走过了皑皑白雪，走过富饶与贫瘠，走过喜乐与悲伤，却始终坚定。烫，无限温柔地承托着我们的双脚，予以我们无数的信心，伴着我们去追寻理想。

“烫伤患者”，坚持一往无前的人生

北京的正午，正是纽约的深夜。啪的一声，灯光熄灭。孔靖夫终于结束了另一个无比忙碌的一天。身子越疲惫，枕头与床褥便越发显得温暖而亲肤。脑袋里，却炸裂着兴奋的畅想和无尽的渴望。

五个小时后，天边曙光渐亮，太阳摇摇升起。孔靖夫早已梳洗妥当，如往常一样，沐浴着清新的空气，披着一身的阳光，走入了喧哗热闹的繁华深处。正是他一手创立了烫这个独特品牌，圆了无数女孩关于品质好物的幻想。

孔靖夫是一个自信满满的年轻人，在他身上，你却见不到一丝一毫关于年轻人的那种独有的青涩，相反，成熟、独立、执着，是他身上最大的特质。2013年，他决定在纽约这个时尚之都创业。他的朋友中，有很多人从事设计这个行业，绝大多数都拥有着跳跃的思维，他们注重创意，关注品质，生活理念超前，人生态度更是特立独行，也正是他们激发了他关于烫的畅想。

世界上能够传达价值观的方式有很多，有的人用诗，有的人唱歌，有的人拍电影，有的人写小说。而孔靖夫则选择了鞋。他将一手打造的品牌取名为烫，用户群体则自动归类为“烫伤患者”。意思是对于品质生活的追求，对于一往无前人生的坚持。而烫旗下社交女鞋的问世圆了无数女孩关于品质好物的幻想。

“漂亮女孩本身就是‘烫’的。” 孔靖夫说。哪怕仅仅只是沉默地站在人群里，依旧会是全场的焦点。优雅、自信、漂亮的女孩总有这样的魔力。烫想传递的，便是这样一种既含蓄又不乏攻击力的美，既坚定温煦又自信不羁的人生态度。

烫所坚持的工艺制造技术在借鉴传统的同时力求推陈出新，既凸显了意蕴含蓄的东方审美，又糅合了高品质的时尚设计和新锐的创新

理念。在实力雄厚的设计团队的支持下，烫旗下系列女鞋无不做工完美、品质突出，重要的是它不会喧宾夺主，盖过女性身上其他的亮点。比如说经典款社交女鞋，便会与女性身上的柔美气质融为一体，形成一种大方自信的气场。孔靖夫最初的设想很简单，他希望通过鞋，修饰女性身体线条，展现女性婀娜的形体美。

烫在有着年轻人那种张扬不羁的气质的同时，又具含蓄、圆融的东方之美。烫追求简约，不喜繁复。凭着这份低调的激情，相信它的路，不会仅限如此。灼烫的理想，刚刚开始起航。

惊艳时光，炙烫理想

亦舒笔下那些自强独立、走路生风的女子一定很适合烫。毕竟她们对黑白灰、对品质、对格调有着永恒无尽的挚爱。还记得花样年华里那条暗巷曲延婉转，当华美的音乐响起的时候，大多数人被会被苏丽珍那纤细的腰肢、明媚婀娜的身影而吸引，我却格外注意她脚下的那双鞋。细跟，尖头，黑色绒面，不张扬的奢华。衬得她身姿越发挺拔曼妙，那身旗袍亦越发绚烂炙烫。

穿上社交女鞋，你就得有成为焦点的觉悟。无论是长发大衣飞扬不羁，还是飘逸长裙精致妆容，抑或是家居常服微笑淡然，展现的都是骨子里的自信；无论是摇曳着的丁香米珠耳坠，还是蔻丹鲜艳的指甲，抑或是那双韵味绵长的黑色高跟鞋，都只为惊艳时光，炙烫理想。这一路尘土飞扬也好，这一生荆棘横生也罢，但凡穿着那双黑色高跟鞋，便会骄傲地穿越尘土，毫无畏惧地踏上荆棘之路。

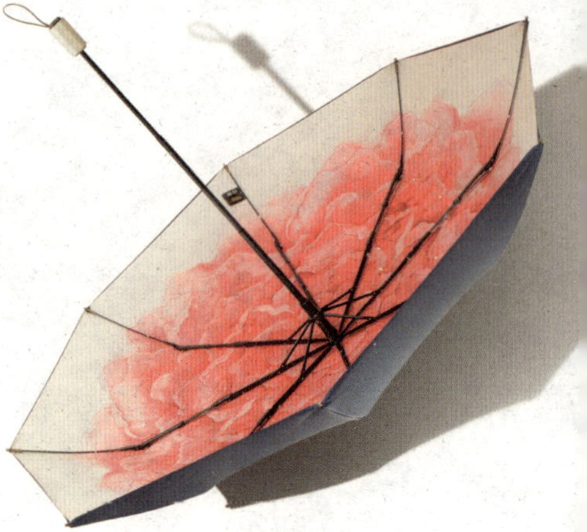

低调在外，华丽在内，激起平凡生活的涟漪

——蕉下，洛荷小黑伞

工业设计如果没有使生活变得更好，就是无意义的。

蕉下希望用户能感知到真实的美好和变化，哪怕只是一点。这几年蕉下投入大量的资源研发与改进，涂层的进化，更精美的图案绘制，拥有更舒适握感的手柄，蜂巢的结构改革，无按钮开关。改变，是为用户考虑了更多。

——致读者的一封信

你要过晴天雨天，所以少不了伞。伞看似简朴，却要经历三十多道复杂工序。就像生活里的小物虽琐碎不起眼，却足以撑起一个温馨的家。就像一粥一饭，都来之不易，一饮一啄都饱蘸悲欢。从四月至九月，是南方的雨季。时而湿润多雨，时而烈日酷暑。伞便经常陪伴在身边，沉默而知心。

总是想起那条路，一把伞，两个人。男人背脊挺直，身材颀长。女人高高举起一把朴素阳伞，胳膊线条漂亮而流畅。他们的手紧紧牵在一起，鬓边有微微的寒霜，显然是一对不太年轻的夫妻。丈夫安然走在阴影里，步伐缓慢，亦坚定。妻子大半个肩膀却直直暴露在阳光的炙烤之下。

我加快几步，超过他们，回头一瞥。女人微笑，细心嘱咐身边的人，小心台阶。男人颔首，脸上戴着一副墨镜。瞬间恍然大悟，他看不见，所以才会安心享受那份清凉。只是他的身影如此挺直，脚步坚定，令人难忘。

心里顿时泛起某种说不清道不明的滋味。他们是人世间最平凡的一对夫妻，不知曾走过怎样辛苦坎坷的半生，面上的表情却始终安详。他们一步一步，不骄不躁，不卑不亢，默默行着脚下的路，从容过着属于自己的人生。他们穿着最朴素的衣裳，却有着一颗金子般赤诚如初的心。

烈日炎炎的日子里，每当撑开洛荷小黑伞，感受到那片绚丽花荫绽放在头顶上方的时候，总会想起那对夫妻，想起那些沉默的力量，想起那些面对命运毫无畏惧，面对人生毫不张扬，静静前行的人。

低调在外，华丽在内，激起平凡生活的涟漪

伞里伞外，其实是两个世界。伞外吵闹，伞里清凉安静。远离大雨的侵扰，免却暴阳的灼晒，只留住了几星飞梦，一夏花荫，让心得到了暂时的休憩和栖息。

伞里伞外，又像极了人生的两面。一面是虚假的浮华，一面是真实的质朴。浮华虽美，却转瞬即逝，一戳即破。如美丽又脆弱的泡沫，承载不了穷奢极欲、越发膨胀的心灵。人越成熟，就越向往真实的人生，向往真诚的情怀和态度。

蕉下的洛荷小黑伞便传递了这样一种奇妙的人生态度。洛荷外表

纯黑，普通、不起眼大概是人们对它的第一观感。轻轻将其打开，只听嘭的一声，头顶上方瞬时便绽开了一朵绚烂至极的大花，璀璨、甜蜜、浪漫，美得惊心动魄，很是震撼。真正的美，不会那么肤浅，不会只流于表面，不会那么容易被参透。只有靠近了，才能领略。洛荷，像极了低调在

外，华丽在内的人生。

太多爱慕虚荣的人过着趾高气扬、夸夸其谈的生活。外表浮夸，做事张扬，内心却浅薄苍白、空虚无知。另一些人的人生看上去平凡、简单，甚至粗糙，直至走入他们的内心，才能感受到他们的靠谱和真诚。他们活得低调、内敛，始终默默努力，安静前行。就像是洛荷，其内秀令人惊艳，品质亦让人感动。

伞的构造大体分为伞面、伞骨、伞柄三个部分。对于一把伞来说，伞柄是主心骨，伞面是最重要的部分，而伞骨则支撑起了整个伞面。洛荷握柄舒服，属于蕉下最新一代双层防晒小黑伞系列。洛荷采用的是最先进的微米密织法和双层伞面结构，隔热、遮阳性能都达到了极致。运用铝及纤维材料设计的伞骨质感轻盈又不失强韧，丝毫不惧暴雨强风的侵袭。将那小巧伞骨盈盈在握，人处花荫之下，伞里清凉安静，伞外喧闹火热，隔开的是两个世界。

每一把小黑伞都是设计师灵感与想象的结晶。你无法在伞棒上找到任何一个按钮和凸起，只因小黑伞采用的是完美的力学结构，只需轻轻推拉，整把伞便收放自如。从用色到图案，从技艺到创意，笔尖触及之处，或者轻描淡写，或者浓墨重彩，花影重重，凤尾森森，莫不营造出一种如梦如幻的质感。这都是设计师们独到功力的体现。

记得《红楼梦》中，探春最喜芭蕉，故自号“蕉下客”。黛玉便以“蕉叶覆鹿”的故事打趣探春，说探春是鹿。手执洛荷，身处伞下，自诩为款款而行

的“蕉下客”，携着满身花香，漫步于那瑰丽奇异的星云飞梦之中。面上表情安详，内心积蓄着沉默的力量，一步一步，坚韧地迈向未来，走入最平凡质朴的生活。

当“工匠精神”成为一种风尚

伞在中国已有两千多年的历史。春秋末年，鲁班的妻子云氏为使丈夫免于日晒雨淋，发明了一种“活动的亭子”，让丈夫带着外出。云氏细心琢磨，将青竹劈成细条，以浑圆竹棍为柄将细条聚拢，外表蒙上兽皮，云氏伞就此诞生。历史的车轮滚滚而行，兽皮被替换成丝绸，在宋代又被替换成油纸，辗转演变，最终成了今天的模样。

伞，是趟过雨天的一艘艘小船，是开在强烈阳光下的奇异大花。它是我们生活中普通的存在，却又是不可或缺的存在。蕉下的创始人之所以会选择伞，有其特殊的用意。“阳光下，有蕉下”，短短六个字，道出的却是一个平凡又不凡的梦想。创始人当初正是抱着“Be the change you want to see in the world，欲变世界，先变其身”的决心，才走上了这条

道路，走入了伞的世界。

女孩们都曾对所谓的品质生活产生过某种华丽的幻想，都曾对所谓的精致美好的人生或多或少产生过迷恋的情绪。而蕉下创始人却告诉我们，当日常生活中的平凡物品得到了先进工艺的锤炼，融入了崭新的设计理念，一切将变得与众不同起来。当平凡物品中的动人美感被挖掘到了极致，我们期待着的品质与精致便成了一件水到渠成的事情。

在蕉下的创始人看来，一花一世界，一叶一菩提。那些普通微小的生活细节像是无数朵沉默着的、摇曳着的、不起眼的小花，填满了我们生活中的每一个缝隙。它们中的每一朵，都值得被郑重摘下，小心翼翼地珍藏在心底。蕉下重视生活细节，亦重视科技的力量。创始人始终认为，科学技术、工业设计倘若无法使人的生活变得更美好、更美丽，便是毫无意义的。

2013年，第一把小黑伞横空出世。小黑伞之所以能够成为防晒的经典之作，在于其先进的设计手段，在于其简洁纯粹同时又不乏视觉冲击力的美学理念。蕉下的制伞工坊里聚集着一大批经验丰富的工匠，他们对手中的每一个细小的零件都抱以最大的专注和关心，大裁、小裁、合片，一粒粒装上伞珠，俱由手工制成。他们一边极其努力地活在当下，一边满心虔诚地期盼着未来。其精湛的制伞技艺体现的是一份沉甸甸的、动人的工匠精神。

细节彰显的往往是本质，蕉下追求的境界是无瑕的细节、内外的兼美和表里的统一。在产品涂层的进化、伞面材料的选择、蜂巢结构的改革等方面，蕉下投入了大量的时间与精力，力求每个系列都独具特色，别树一帜。当伞柄握感越发舒适的时候，当图案绘制更具艺术美感的时候，当无按钮开关的推拉更通顺流畅的时候，蕉下唯一想要知道的，是每一个使用者的真实体验与情感。

在蕉下,“工匠精神”成为了一种风尚。匠心绵延不止,必能将精品荟萃云集。集赤子之心全力打造的那把小黑伞,是在用无比精密繁复的工艺向经典致敬。

伞里伞外,只愿做“蕉下客”

年幼的时候迷恋戴望舒笔下那个撑着油纸伞、丁香一样结着愁怨的姑娘。遇到了蕉下,才知道,那些行走在疾风烈阳之下的女子,若能手持一把小黑伞,亦能步步生莲,自若安然。

年幼的时候向往着活色生香和摇曳生风的人生,一度夸夸其谈,一度横冲直撞,走过了浮华与喧嚣,走过了人来人往,才知自己的浅薄与渺小。

记忆里的那对夫妻穿梭于大千世界紫陌红尘之中,无论是荣与辱,富与穷,安定与奔波,相聚与别离,亦不改初心。这生只愿执子之手,与子偕老,这生只愿布鞋素衣,执着安定,稳步前行。平凡生活里总有那么些人,不张扬不虚伪,澄澈清静。无论经历了什么,都能一如既往地守望生活,面上笑容始终干净。

至此才算明了,有一片风景,开在伞中,也收在伞中。有一种人生,拙于外,秀于心。时光荏苒,岁月匆匆,开启一把洛荷小黑伞,掬起几星飞梦,笼住盛夏花荫,在最平凡的生活里时走时停,用谦卑和努力,用执着和坚韧,诠释心中的态度,担负起属于自己的责任。